シルバー・バーチ

（マルセル・ポンサンによる心霊絵画）

Teachings of Silver Birch

シルバー・バーチ

霊言集

二十一世紀のためのバイブル

桑原啓善 訳

A・W・オースティン 編

本書は、1984年（潮文社）発行の新装版です。

訳者まえがき

ノストラダムスの予言というのがあります。それによると、人類は一九九九年七月の第一週に滅亡するのだそうです。また、これに類する、人類の終末を暗示する予言がいろいろ取沙汰されています。しかし、ノストラダムスならずとも、もしこのままなら、近い将来、人類の運命が非常に悲観的であることは、誰の目にも明らかなところです。たとえば、アメリカやオーストラリアでは、小学生の五十パーセントが、二十五歳までに死ぬと、アンケートで答えています。日本でも、小中高生の四十八パーセントが、戦争の不安に脅えていると答えています。

この恐怖の原因は第一におそらく核戦争による滅亡ということでしょう。第二は、公害による生態系の破壊による地球の死滅ということでしょう。そして第三は、人心の悪化・狂気・粗暴化に伴う、人類の前途の悲観ということでしょう。これらの背景にあるのは、あるいは大量消費社会という、いわば物神崇拝のごとき、人類の価値観の歪みであるかもしれません。そして、この価値観を創出し推進している、それこそ、私達が今なお賛嘆し誇りとも思っている、科学技術文明と呼ぶ、近代文明そのものかもしれません。

ノストラダムスの予言には重大な欠陥があります。それが当るか当らぬかということでなく、人類の滅亡を予言しながら、その救いの方法については、一言も述べていないことです。世の予言の類の多くは、同じ欠陥をもっています。これではいたずらに人類に恐怖を与えるだけで、予言はいささかも人類のプラスにはなりません。困ったものです。

シルバー・バーチの通信は、唯一つ、どうしたら人類が二十世紀の破滅から救われるか、その方法についてだけ述べています。

もし、読者が真剣に人類の前途を憂え、脱出の道を求めておられるなら、どうか謙虚に、貴方の理性にだけ訴えて、この通信を読んでみて下さい。おそらく貴方の胸からは、核戦争の恐怖も、生態系破壊や人心荒廃の不安も消え去り、これらが、唯一つの単純な真理によって、引き起こされ、また解消されたりする原理が、貴方の目にはっきり確信をもって映ってくるでしょう。それこそ、新時代の到来というものです。

本書は、シルバー・バーチの通信（全十一巻）の中の第一巻“TEACHINGS OF SILVER BIRCH”の訳です。初版は一九三八年ですが、今日に至るまで多くの版を重ね、スペイン語・スウェーデン語・フィンランド語などにも翻訳され、いわば二十世紀のバイブルとして、流布しています。原著には文中に番号はありませんが読みやすくするため訳者がつけました。

またもし、読みつづけるうちに、「シルバー・バーチとは誰か」「通信とは何か」、これがどうしても気になるようでしたら、第十七章と解説をお読み下さい。

序

編者　A・W・オースティン

シルバー・バーチは「この通信の著者は私ではない、私は高い所から来る通信の仲継者です」と言っています。私もこの通信をもって、一切の英知をもつ霊魂からの絶対無謬《むびゅう》の教えであると、主張するつもりはありません。霊界通信の目的は、我々が批判力を捨てて、霊魂の言葉に盲従することではないし、また、新宗教の創立を目的とするものでもありません。啓示は人間の受容力に応じて、時代とともに進歩していくものですから。

バーチはいつも理性に訴えて語ります。だから彼の言葉が貴方の理性に照らして誤りだと思われたら、これに反対なさるべきだし、少なくとも未解決の疑問として残しておくべきだと存じます。

この書は、何百回に及ぶ交霊会の通信の中から、私が問題別に抽出整理して編集したものです。従って、各章は一つづきのバーチの通信ではなく、三十〜四十回以上にわたる交霊会のバーチの言葉から、私が適宜抽出して構成したものです。つまり、問題別に一貫した思想となるよう、意図しつつ構成したものであることを、お断りしておきます。

目次

シルバー・バーチ霊言集

――二十一世紀のためのバイブル

目次

私達は一片の信条、一冊の経典、一宗一派にこだわるものではない。ただ生命である神、その永遠の法、これに命を捧げるものである。

（第一章　神の計画〔三〕より）

第一章　神の計画

〔一〕 私達が地上に降りて来たのは、人々に霊的生命の秘義を伝えるためである。この真理が地上に広がれば、戦争や革命にもまして、一大変革が地上に起こることになる。それは魂の変革である。その時、世界のあらゆる所で、人々は天賦の賜物に目覚めて、魂の自由を限りなく追求することになる。その時、初めて世界から鎖が消える、今まで人々を縛りつけていた足枷《あしかせ》が。

〔二〕 私達は一片の信条、一冊の経典、一宗一派にこだわるものではない。ただ生命である神、その永遠の法、これに命を捧げるものである。

〔三〕 霊的な大きな力が、いま地上世界に向かって降りていく。地上のあらゆる国々で、次第にこの力が感得されていく。いま地上では大事業が進展している。それは地上の利己と無知を打破しようとする運動である。やがて時来たれば、この事業は必ず達成される。だがその前に、必ず大きな産みの苦しみがある。

〔四〕 世界はダマスクスの路上で、突如回心したパウロのように、唐突には変らない。霊的真理の光は少しずつ闇を貫いていくもの、人々が少しずつ真理を知っていくにつれ、また、神の使徒となる人物がだんだんとふえていくにつれて。霊に関することは、常に慎重な熟成と進歩を必要とする。急激な変革は決して永続するものではない。私達はいつも永遠の目をもって、物事を眺め仕事を進めていく。

〔五〕神の教えの通路となる者は、闇を出て光明《こうみょう》へ向かい、無知から知へと進み、迷信を去って真理へと入っていく。彼等こそは世界の進歩に貢献する者であり、またまさに地上の唯物主義の棺《ひつぎ》に、うちこまれる一本の釘である。

〔六〕人間の進歩には二つの形式がある。一つは霊能の開発、他は霊性の浄化。もし霊性の練磨をさしおいて霊能だけの開発をはかるなら、その人はいつまでも低い霊的境涯にとどまらねばならない。反対に、両者ともどもに発達をはかるなら、大霊能力者となるだけでなく、人間としても立派な人物となる。

〔七〕地上は今、流血と悲しみの涙で満ちている。地上世界は盲目だから、神の法に従って生きようとはしない。また私達の伝える言葉に耳をかそうとせず、私達の周りにある力に目をくれようともしない。しかしながら私達の伝える真理は浸透していく。それは神から出る真理の言葉であるから。

〔八〕　神法に逆らって生きようとする者は、自ら辛い収穫を刈り取る者。
神法に従って生きる者は、物質的にも霊的にも豊饒《ほうじょう》と幸福の収穫を、その手で刈り取る者である。

〔九〕　どんな暗闇の中にあっても、決して希望を捨ててはいけない。そして次のことをしっかり心に銘記して頂きたい。地上を住みよい世界に変えようとする人達は、最後には必ず勝つ。何となれば、彼等と共に在る力は、宇宙の至高の力であるから。

〔一〇〕　産みの苦しみがなければ、悲しみの涙がなければ、価値あるものは何一つ実現できない。地上世界はやがてこのことを、苦しみと悲しみの涙をもって、学びとることになろう。いま私達は、物質界の暗黒をうち破ろうと活躍している。また私達の教えは、いま世界の至る所で、人々の心を啓発しつつある。こうして次第に、霊の光が地上に浸透していくにつれ、唯物主義の闇は消散するのである。

〔一一〕　私達は罰をちらつかせて、人を嚇《おど》すことはしない。皆さんに、怯懦《きょうだ》で卑劣な人間になってもらいたくないからだ。私達が願うところは唯一つ、人間の内部には神性があるということ、これを皆さんに知って頂きたい。もしこれが理解できれば、人はいよいよ神性を発揮し、ますます進歩し、その心は知恵と真理で、限りなく満ち溢れることになろう。
〔一二〕人は、もうこれでよいと満足してしまってはいけない。不満と飢渇によってのみ、知は自分のものになる。満足する者はそこで止まり、渇く者はいよいよ大きな自由の天地に入る。
〔一三〕私達はこの口が裂けても決して言わない、「理性を使うな、唯これを信じよ」とは。私達はこう言う「神が貴方に授け給うた理性を使いなさい。私達を試み、私達の言葉を調べなさい。もし私達の言葉が卑しく、道にはずれ、酷《ひど》いものに思えたら、いつでも私達を否定しなさい」と。
〔一四〕もし私達の教えが、より高貴な生を、即ち自己犠牲と理想に生きる生を、述べ伝えているなら、それは神の極印が私達の教えに押されている証拠である。
〔一五〕一つの魂を立ち上がらせ、嘆く者に慰めを与え、心くじけた者に希望の灯を点じ、力つきた者に力を与えるなら、これをもって私達の仕事は瞑すべきと思う。
〔一六〕地上は自分で自分を救う道を、学びとらねばならない。どこにも予めつくられた道はない。

どこにも、予めしつらえられた救済の組織はない。皆さんが生命の現われと思っているものの背後には、不滅の霊的存在がひかえている。人類も、地上の子であるとともに、また肉体を通じて自己を発揮しつつある霊的存在である。以上のことは、ぜひ地上が学びとって貰いたいことである。

〔一七〕　私達の教えが地上に広がっていくと、人間の一切の差別は消えていく。国と国との垣根、民族の差別、階級や、人種や、またあらゆる宗教や宗派の差別は、消えていく。各宗教はやがて悟るだろう、各宗教は神の真理の一部ずつをもっていて、他の宗教の核心は、また自宗の貴重な本旨と矛盾するものではないということを。

〔一八〕　私達の説くところは、かの高貴な理想と一致している、即ちいつの時代にも、世のため人のために献身したすべての改革者・聖者・予言者・理想主義者らの脳裏に映じたものと。彼等は偉大な魂であったので、その霊眼に、実在の生命の閃きを看取することができた。その幻の美しさの故に、多難な闘いと逆境の中にあっても、常に、自己を支えることができた。また、彼等は他日実現を見るであろう霊的計画がわかっていたので、地上の子等の進歩向上のために、献身し努力したのであった。

彼等は手をさしのべる相手から、誹《そし》りをうけ、抵抗をうけ、嘲笑されたが、その仕事は生命を残した。まさに今日も、無数の小さな社殿の中では、同じような仕事が遂行されている。あるいは彼等の多くは、忘れ去られるかもしれない。しかし、その仕事は生きつづけるであろう。今日いま一度、地上には、霊的な力が投入されている。地上の者は誰一人として、この大きな潮の流れを、阻止することはできないであろう。

〔一九〕　問題は流血によって解決される、これが地上の常識である。だがいまだかつて、何一つこれで解決されたものはない。流血は無用のもの、何もそこからは道は開けない。なぜ人は、神から授かった理性を、使うことができないのか。なぜ人は、人を沢山殺さねば事は解決しないと、またなぜ、最大の殺人者が勝利者であると考えるのか。地上とはおかしな世界だ。

〔二〇〕　私達は自分のためには、何も求めてはいない。どんな栄光も望んではいない。唯々、失われた神の法則を、もう一度地上に回復するために、その僕《しもべ》となりたい。新しい希望と生命をもたらす霊的な力を、もう一度、地上に発見させてやりたい。

〔二一〕　教会も聖書も教条も、すべてこれらの権威は地に墜《お》ち、捨て去られつつある。この時、霊的真理の権威だけが、永遠に残る。今この地上に来てみると、混乱と混沌だけがある。もしここに、明るい霊力が導入されれば、強力な輝く光が投入されれば、一切の混沌は雲散霧消すると、私は理解している。

〔三二〕　ここに光がある。しかるになぜ人は闇を好むのか。ここに知識がある。しかるになぜ人は無知を好むのか。ここに知恵が、ここに霊魂の生きた真理がある。しかるになぜ人は迷信をとり、宗教の涸渇した教条を選ぶのか。また、ここに霊智の泉があるのに、人はなぜ、神学の汚塵に目を向けるのか。

〔三三〕　そこには、盲人のように、自ら作った闇の中を、手さぐりでさ迷う魂がある、鎖につながれ、奴隷のように。もし自由になりたいと思えば、すぐにでも自由になれるのに。しかし私は恐れる、彼等はもう永い間、自分の手でその鎖を編んできたので、それを切り離すことを恐れているのではないかと。あたかも永い間籠に閉じこめられていた小鳥が、外へ放されたら、もう飛べないのではないかと恐れるように。

〔三四〕　鎖を解き放ちなさい。しかし自由になると、後の態度が大切だ。一般に永い束縛から放れて自由になると、人は他の言葉や指導に耳をかしたがらないという傾向が残る。人はこう言う「そんなことは何でも分かっている。私はやっと自由になれたんだ。宗教とはもう金輪際、縁切りだ」と。また中には、自由になると逆に反動を起こすこともある。たとえば、私は単なる伝達係なのだが、この私を特別な偉い者に、祭り上げようとしたりする。

人類は永い間、指導者を神仏の地位に祭り上げ、それが教師であることを忘れてしまっていた。

〔三五〕　私達の使命は、神仏とたたえられることではない。真理と知識と知恵とを、述べ伝えることである。私は偉大な教師でも、卑しい乞食でもけっこう、唯私の言葉に、真理の印が押されている限り。私どもは名声と権威と経典を楯にとって叫ばない。唯、皆さんの理性に向かって、訴えるだけである。

〔三六〕　地上は今、破滅と混沌で一杯だ。絶望と争いと苦渋が満ちみち、理性はすでに地に墜ち、利己が世上に君臨している。私達は理性の回復を求める。誤謬を真理に、迷信を真知に、闇を光に変えたい。

〔三七〕　皆さんは、すべて神の分身である。神は次のように言い給う、「ここに私のすべての法がある。

そこに、汝の内に、私の分身がある。汝の傍には、この世を完全にできる一切のものが備えられている、私は汝にすべてのものを与えたのだから。汝は善でも悪でも、好きなものを選ぶことができる。汝は私の法に従うもよし、また従わぬも思いのまま」と。

〔二八〕　いま地上のあらゆる所に、不満の雲が漂っている。しかし夢あふれる春と成就の夏が近づいて来る。その到来は、神の子等がその自由意志を鍛える歩調に応じ、早くもなり遅くもなる。世界のどこでもよい、いま一人の人が他の一人を向上させようとすれば、その背後には、無数の霊魂がそれを助けようとひしめきあっている。どんな善への努力も失われることなく、どんな奉仕への願いも、無駄に終ることはない。

〔二九〕　多数の者達と同じように、私も、まさにそこまで来ている新時代を促進するため、ここ地上へやって来た。私がここへ来たのは、神法を人々に伝えるために、また、もし人がこの神法に従いさえすれば、神の恵みは無限に人々の中へ降り注ぐことを教えるために。

〔三〇〕　倖せばかりがあるはずなのに、ここは悲しみの国ばかり。光が満ちるべきに、ここは闇。豊饒が支配すべきなのに、ここにあるのは飢えばかり。神はあらゆるものを人類に与え給うたのに、その分配を妨げる者達がいる。ここに払拭されねばならない障害がある。

〔三一〕　何事も、目の前の結果で判断してはいけない。人はただ、物質の目だけで物を見るが、もし人が霊の目で物を見ることができれば、完全な正義がすべての人に等しく働いていることが分かるだろう。

折にふれ、私は皆さんの祈りに耳を傾けることがあるが、もし、神がそのすべてをお聞き届けになれば、結果的にみて、それは皆さんのためによろしくないであろう。

〔三二〕　私は死後霊界に入った多くの人達と話をしたことがある。しかし誰にきいても、一人として、霊の目をもって物を見る時、自分は神から善い取扱いをうけなかった、と言う者は一人もいなかった。

〔三三〕　地上には三つの課題がある。第一は無知、第二は悲しみ、第三が飢え。この三つはいつまでも消えないだろう。心霊知識が政治と結び付き、人々が心霊常識を身につけて、それに従って生きるようになるまでは。

〔三四〕 しかし、勝利の潮は押し寄せて来る。古い秩序は死に、新しいものがこれに代る。新時代の足音が近づいて来る。だからといって、もう暗い面はなくなるかというと、そうではない。なお、涙を流すこともあるし心を痛めることも多い。また、まだまだ大きな犠牲も起こる。

〔三五〕 神のものであるものは、犠牲なしでは、何事も成就しない。人は涙をもって、建設を贖《あがな》いとらねばならない。大きな物質的不幸が来て、初めて人は霊的なものへ、心を向け始める。あらゆる物質的なものが倒れて後、初めて、人は一本の藁を求める。

〔三六〕 こうして、霊的真理が地上に芽をふき始めると、人は新世界を――神法が所を得た世界を――建設し始める。しかしそれまでは依然として大きな苦悩が続くだろう。世界は決して完全無欠となることはない。世界が完全に近づけば、完全は一歩先に行って、こちらを振り返る。

〔三七〕(問) 地上のいろいろな経験――たとえば戦争・苦しみ・精神的肉体的苦痛・病気・悲しみ・愛・憎しみ・喜び・幸福――これらは人類の進歩発展に不可欠なもので、神の計画の一部ですか。

(答) いや、そうではない。神は戦争をつくり給わず、神は病を与え給わない。これらはすべて、地上の人間が我《が》の働きで、勝手につくり出した産物である。人類には学ぶべき事が多々あるが、しかしそれは人を苦しめたり、危害を加えあったりしなくても、学びとれるものである。人間が勝手にでっちあげたものを、神がつくりだしたものと誤解してはいけない。

第二章　明日の世界

〔三八〕　人類は今、危機に瀕している。いつも新しいものが生まれる前には陣痛がある。新しいものが生まれるということは、大きな苦痛があるということだ。いま新秩序が生まれようとしているが、それは即ち、苦痛が増大しつつあるということだ。

〔三九〕　これから大きな変化が数多く起こるだろう。破壊が起こり、動乱も沢山起こる。いわゆる暗黒と困苦の時代が来る。何もかも悪くなったと人は言うだろう。しかしその背後には、世界の進歩をめざす大きな力が隠れている。

〔四〇〕　高い世界の上から、来たるべき地上の姿を見ることが許されている多くの仲間の霊達がいる。私達はその見たところの意味を、一部の敏感な人間達に伝える、彼等が自信をもって自分の仕事を進めていけるようにと。私の見るところによると、地上は現在より更に醜悪なものとなる。私には、未来の地上の運命がはっきりと見える。その到来はただ時間の問題だ。

〔四一〕　やがて新しい民族が台頭する。その民族は一切の政治も宗教も科学も知識も、ただ一《いっ》なるものの各部分であることを認める。その日には、苦しみも涙も嘆きも災いも消え失せ、地上は唯、頬笑みと幸福の国と変るだろう。

〔四二〕　地上世界は、神と神の法に帰らねばならない。帰郷、まさにそれである。徐々にではあるが、神法が実現に向かって近づいて来ている。そのさまを、私はこの目で見ることが出来る。

〔四三〕　人類が学ばねばならないことは、神の賜物はすべての人々の間で、正当に分かち合わねばならないということ。ある人は食べるにこと欠き、ある人はあり余る物を持っている。これは間違いだ。人類はその持つところのすべてを、すべての人々の間で分かち合わねばならない。それは単純なことではないか。

〔四四〕　損得勘定を捨てなさい、神の法は完璧なのだから。皆さんは人の僕《しもべ》となり、奉仕だけを心がけなさい。その時、神は貴方に働き給うのである。貴方ひとりではない、誰の場合でも、これが狂いのない神の法である。そんなことあるものか、と貴方が言うなら、私はこう答えよう、必ずそうなると。何となれば、道はこの外にないのだから。法は完全無欠だから、誰も法を欺くことは出来ない。皆さんはこの神法を学びとり、どうか実践にうつして貰いたい。

〔四五〕　永い永い時代にわたり、人類はそのわがままから、砂上に楼閣を築いてきた。しかし、今や徐々にではあるが、神の光が地上の闇の中に、さし入り始めている。混沌と不条理の廃墟から、神の新しい世界が建設され始めている。それは不平等も不正義も貧富の差もない国、それはあらゆる物が分かち合われ、あらゆる神の恵みが、等しくゆきわたる世界。

〔四六〕　私の背後には、真理を伝えようとする多数の霊魂がひかえている。私はその中の一人、単にその伝達係にすぎない。ではその伝えようとする真理とは何か。それは単純素朴な霊的真理、即ち、人間は皆ひとり一人が、生命の本源である神の分身であるということ。

皆さんの内部には、神性が宿っている。だから皆さんは、神のあらゆる恵みを手に入れることのできる資格者である。従って、皆さんの前途に横たわるどんな障害も邪魔物も、必ず払拭されるに違いない。私達は、単に霊的精神的な解放だけを目ざしているのではない。物質的な解放をも目ざして、仕事を続けている。

〔四七〕　人が私達の教えのゆえに、皆さんを疑う時は、いつも次のことを思い出しなさい。私共は常に相手の理性に向かって訴えている。だから私共の通信には、神の真理の極印が押されているのだと。私共の教えは、人の品位をおとすことなく、その知性を低下させることなく、また奉仕や善意や廉潔さを奪い取るものではない。むしろ、人に内在の神性を教えて、神との結びを自覚させ、その結果、人を新しく生まれ変らせて、その人生のすべてに神の力を発揮させようと目ざすものである。

〔四八〕もし、霊的真理に気付く人達がみんな団結して、唯物的なこの世界にたちこめる真黒な霧を、追い払おうと努力すれば、大事業が達成されることになる。だから不動の確信をもって前進されよ。皆さんの傍には、善意と協力と奉仕の一切の力が置かれている。

〔四九〕私達の前途には、広大な奉仕の野がひろがっている。私達は心躍る確信をもって、前方へ期待の目を向ける。私達には出来る、あの迷える羊達……古い信仰と言葉をもはや信じず、不信の現代を超えて、新しい真理を探し求めている人達……彼等を私達は救うことが出来る。私達はこれらの人々へ、霊的真理と霊的法則の知識をもたらす。彼等が内在の神性に気付いてくれるようにと、神性が自分のものであることを理解してくれるようにと、またこれによって、古来憎み怒る神の前に、媚《こ》びへつらい人間性を卑下してきたかの観念を、彼等が永久に葬り去ってくれるようにと、私達はこれを待ち望む者である。

〔五〇〕ここに、大きな霊力がある。その力は、人類への奉仕を志す人々を助けようと待っている。

このことを地上世界が早く理解してくれるように。これあればこそ、人々は知識を身につけ、この知識をもってすべての迷信や過去の霧と闘い、霊的真理の光明を明々と輝やかすことが出来るのである。私達の仕事とはこの理解をすすめること、また他方では、霊力を地上へ運ぶことである。この霊力によって、人は奮起し、導かれ、支えられ、また渇いた心は満たされ、苦痛にゆがむ肉体は癒され、知恵と真理と啓示と霊感とが人々に与えられるのである。

〔五二〕　もし、人がこの霊力を理解し、それに向かって心を開くなら、私達はいつでも、この霊力を人々に満たすことができる。また私達は、人類の向上進歩を願う人なら、誰とでも協力したいと思っている。それが教会の牧師であろうとなかろうと、宗教の信徒であろうとなかろうと、はたまた科学者であれ、唯物論者であれ、哲学者であれ、相手をえらばない。

第三章　神法について

〔五二〕　私達は、地上に幸福と健康をもたらす神法について語りたいと思う。いま教会で語る者は、いつの日かその誤りを取り消さねばならない。彼等も神法の外にいるわけではなく、誰一人として神法を免れる者はなく、特に一度霊の教えを聞いたことのある者は、そうである。もし彼等がその言葉に違反すれば、まだその教えを聞いたことのない者よりも、その罪は重い。

〔五三〕　貴方の目が開かれて、霊の愛を知り、霊の教えをしっかり肝に銘じて後、なお奉仕を怠るなら、その罪は大きい。貴方はそうすべきことを知りながら、あえてそれをしなかったのだから。霊媒の中には、神の通路となり得るのに、なにがしかの金銭のために、その能力を売り払う者がいかに多いことか。

〔五四〕　貴方がたの内部には、偉大な霊性が宿っている。また、人は幾多の進化過程を経て、今日に至ったのだから、誰でもその内部には、動物性の痕跡が残っている。しかしながら人間内在の霊性こそは、どんな遺伝や痕跡にもまして偉大なものであり、もし貴方が、それをちょっと働かせ発揮しさえすれば、貴方はまるで、地上を神のように歩くことも可能なのである。

〔五五〕　人間は本来その内部に、病気を治し悩みを克服する力をもっている。誰しも、弱った時にはいつでも引き出せる力の貯蔵庫をもっている。つまり天国は内部にある。しかるに、人はこのことをほとんど知っていない。この大我に接する道は、神法に従って生きるより外にない。しかるに、幾人がそれに従って生きているか。

〔五六〕 人生はその行為だけでなく、その言葉、その思念からも成り立っている。行為がすべてと思ってはいけない。勿論、行為は重要だ。しかし言葉と思念もものを言う。悲しいかな、貴方がたの多くは、思念の主とならず、その奴隷となっている。

〔五七〕 私達はすべて神の分身である。神はある者を赤く、ある者を黒く、ある者は黄色に、そしてある者には色をつけ給わなかった。だが、これらすべての色は、神の計画の一部である。

〔五八〕 やがて地上に神法が実り、これらの色が一つに溶けあって互いの愛が芽生えれば、初めて調和が実現する。人はこれらの色の意味を知らない。だが、それには一つ一つ大きな目的があり、生命の法に役立つのである。

〔五九〕 皮膚の色が一つに溶け合い、もはや人が皮膚の色を意に介さず、唯内部の魂にのみ目を向けあう時、初めて地上に平和が来る。黄色は黄色なりに、白色は白色、黒色は黒色なりに、それぞれ他人種の役に立つものをもっている。このことをまだ世界は知らない。

〔六〇〕　人はすべて、一人ひとりが神の分身であり、一人ひとりが神の御業《みわざ》と力と愛と知とを、担うことのできるものである。かりに貴方が弱い人に手を差しのべれば、神の力はたちまち貴方を通じて、働くようになるのである。

〔六一〕　どのようにそれをするか、誰を助けるか、どこで闇に光を点ずるか、そんなことは問題でない。ただ、貴方が失意の人を立ち上がらせ、力なえた人に力を与え、暗い所に光を灯し、飢えた人には食を、枕する所のない人には、寝ぐらを与えさえすれば、それでよいのだ。

〔六二〕　霊の力は地上一切の差別を無視する。地位・身分・肩書・人種・民族・国籍のいかんを問わない。誰であれ、どこであれ、応える者に目を向け、真理の根源から来る力で彼等を満たし、その心に光あらしめ、その魂を興起させ、神の園にあって働き手とさせ給う。

〔六三〕　皆さん、一つには神のため、一つには疲れて悩む人々のため、働く決意をもちなさい。彼等の重荷を下ろし、彼等に希望を与え、新しい知識と光と力とを与えなさい。これによって彼等が、身体には力を、心には勇気と生気とを満たし、神の賜う天賦の恵みを享受できるようにと。こうして皆さんは、奉仕の喜びを知るに至るであろう。人を助けることのほか、己れのためには何も求めない奉仕の喜びを。

〔六四〕　神は無限であり、人はその神の分身である。人がもし完全な信と正しい生を守るなら、神の天賦の賜物をうける者となる。人がもし、飢えていても、完全な信さえあれば、その応えは必ず得られるのである。

〔六五〕　これが法の働きである。人がもし法に同調する道を体得するなら、その成果が必ず手に入る。もし成果が得られなければ、それは法に同調しなかったからである。史書をひもといてみても、貧しい人賤しい人でも法を試みた人は必ずその報いを得ている。いたずらに、法を試みず法は働かないと訴える者に、目を向けてはいけない。

〔六六〕　時には、魂がくじけて、環境に負けてしまうこともある。だがもし、貴方に完全な信念があれば、必ずどんな地上の困苦にも屈せず立ち上がることが出来る。顔を太陽に向けなさい、太陽は神の素朴な象徴。そうしてこう言いなさい「私は神の分身です。滅びることはありません。私は永遠であり無限です。地上の物質や有限なものは、決して私に指一本ふれることは出来ません」。こう言い終れば、貴方はもはや、何ものにも犯されることはない。

〔六七〕　人は何か事を始めるに当り、まず心に怖れをもつ、うまくいかないのではないかと。この恐怖が心の波長を乱す。しかし全き神への信と愛があれば、恐怖は無くなるはず。まず神の国と神が正義であることを、心に描きなさい。そうすれば、すべて必要なものが貴方に与えられる。これは昔イエスが教えた教えであるが、イエスは法の働きをよく知っていて、人の目の前で法を働かせては、その証拠を人に示した。皆さんも、このように法を働かせさえすれば、その成果は貴方のものとなるのである。

〔六八〕　ここにもう一つ、神の法則を語ろう。それは、この世では代価を払わないで、何一つ手に入れることは出来ない、ということである。霊交の代価は、霊能を磨くこと。皆さんは代価を払わないで、富を積んではいけない。もし富を積みながら、霊的義務を怠れば、地上では富者であっても、霊界に入れば最も貧しい者となる。

〔六九〕　人はその内部に至高の富を所有している。地上には、これと比べられる富は一つもない。皆さんはこの富を探しなさい。貴方の胸の奥深く、土にまみれてひそんでいる宝石を、霊魂を発掘しなさい。

〔七〇〕　至高の霊魂と感応道交する道を、どうか学んで頂きたい。まず大切なことは、貴方は一人ぼっちではないということ、貴方の周りには、貴方を守り導こうとする沢山の霊魂が、ぎっしり貴方をとり囲んでいるということ、これを知って頂きたい。第二に、貴方が霊眼を開くことの大切さ、これである。つまり、貴方の霊眼が開けるにつれて、貴方は神法との調和を増して、だんだん神の方へ近づいていくということ、これを肝に銘じて頂きたい。

〔七一〕　貴方が人に奉仕することは、神に奉仕することである。その時、無限の神の御手は貴方に触れ、貴方は神の愛に包まれつつ、完全な平和の中に立っているのである。

〔七二〕　唯信じるだけの信仰は、嵐が吹けば倒れてしまう。知識の上に立った信仰は基礎があるから、逆境にあっても倒れることはない。まだ見たことのないものを信じる者は幸いである。しかし知っていて、知っているが故に、まだ見たことのないものを信じる者は、更に幸いである。何となれば彼等は知っているから、宇宙の法は、愛であり知恵である力によって、動かされているということを。

〔七三〕　皆さんは完全な信仰を、即ち知識から生まれた信仰を、どうかもって貫いたい。皆さんは霊力についての証しを知っている、だから次の信仰があってしかるべきだ。「すべてはこれでよし、すべてに英知が満ちみちている。また、人がもし神法に心を向ければ、必ずや、神法の果を手に入れることが出来る」と。

〔七四〕　暗い影、いわゆる悪が、いやしくも自分を犯すという怖れを、人は誰でも心から消し去ることができる。人は誰でも、神と神法の加護の下に生きるもの、また現に生きているものであるから。だから心に悪意がなければ、よいことだけがある。善は善意のある所にだけ住み、霊界の何者も、神の使徒のほかは、その人の傍に行かない。恐れることは何もない。貴方を包み、支え、導き、気を奮いたたせる力こそ、実に神から発する力である。

その力はどんな試練や困苦にあっても、貴方を支える。その力は嵐を陽光に変え、絶望に希望の灯を点じる。足はしっかりと進歩の道程に立ち、貴方は何も恐れることはなくなってしまう。

〔七五〕　神に対する完全な信と愛があれば、恐怖はない。また知識があれば恐怖は起こらない、恐怖は無知から生まれるものだから。かくて、信と愛と知がある限り、恐怖のさし入る隙はない。進歩した霊魂は、どんな場合にも恐れを知らない。彼は知っている、自分の人生に、自分で克服できない環境や経験はあるはずがないと。何となれば、彼は神性であるから。

〔七六〕　恐怖心は魂の牢獄をつくる。恐怖を克服し、その念波に乱されないようにしなさい。人は何物にも犯されはしない。これを知りこの信念に燃えて、こう言いなさい「私は神の霊だ。世の嵐も私に触れはしない。どんな困苦も、私の前では色あせてしまう。私には内在の無限の力がある」と。

　人には、あらゆる環境にうちかつ力がある。この無限の魂の力を、貴方はみずから制限しようというのか。

〔七七〕　神は物質的なものと、霊的なものと、ともに支配し給う。神の王国には、両者の差別はない。物的生命と霊的生命と差別してはいけない。両者は別個の分離したものではない。物は霊に作用し、霊はまた物に作用する。両者はともに、一なる不可分の生命の両面である。

〔七八〕　地上には、私達霊魂の力で動かせない障害はない、ただしそうすることが法にかなっているならば。時には、人の背負う十字架があまりに重く、私は自分の進歩を諦めても、その重荷をとり除いてあげたいと思う。だが、よく覚えていて貰いたいことは、人がその十字架を背負い、その重荷から教訓を学びとることは、もっと大切なことだ。人は現世だけでなく、もっと永遠の目をもって、ものごとを考えてみねばならない。

〔七九〕　人がもし人であるとともに、神であることを心にとめているなら、人生はどんなにか容易なものとなろう。人は地に属し、また人の神性は神に属す。

〔八〇〕　富者は貧者より悩みが少ないと皆さんは言う。だが、富者の悩みをどのようにして貴方は知るのか。神法は人を欺かず、何ものも逃がすことはない。

〔八一〕　人は人格を形成するために、地上に生をうけた。そして人格の形成とは、自分が直面する苦難に立ち向かっていくことである。しかし地上には人に内在する力をもってして克服できない苦難というものはない。何となれば苦難は地のもの物的なもの、しかし人は聖なる神の分身であるから。

〔八二〕　平和とは唯一つしかない。それは神と一つになっている人を訪れる平和である。その心臓は神とともに打ち、その意は神の大いなる意志と一つになり、心も魂も情も神と共に唯一つである。その平和は神法と調和しているから生まれるもので、この外に平和はどこにもないのである。

〔八三〕　私が語るのは、常にただ神法についてだけである。かつて人はこう教えられた、神の国は内部にあると。外にではない。この地上のざわめきの中に、それがあり得ようか。神の国はただ内部に、魂の中にある。

〔八四〕　神法は調和と正義に満ちていて、その働きにはいささかの狂いもない。一人としてその罰を逃がれ、誰一人として、その報いを受けずに終るということはない。物質を見る目で永遠をはかってはいけない。まだ大いなるものを見ないで、小なるものを断定してはいけない。

〔八五〕　地上の喜びはひととき、これを永続するものと思い誤ってはいけない。それは薄っぺらでけばけばしいだけ。人は地上の有限の目でものを見る、だが私は霊的な目でものを見る。神法を曲げて人を喜ばせるわけにもいかぬ。

〔八六〕　霊界から地上と通信する霊魂に聞いてみられよ。彼等は異口同音に言うだろう、神法は完璧であると。彼等は誰一人として、地上に戻って住みたいと言う者はいない。皆さんは平和を外に求める。だが、私は永遠の平和は内部にあると、また最大の富は霊的な富であると、皆さんに言う。

〔八七〕　まだしなければいけないことがあると思っているのに、私達が幸福そうに見えるか。地上の子等が食べるにこと欠いているのに、私達が苦しまないと思うか。また神の御名において、偽りが語られているのを聞くにつけ、この胸が痛まないと思うか。

〔八八〕　光があるべき所に、闇だけがあり、人は自由になり得るのに、欲望の奴隷となっている。地上には唯、混沌の渦が巻いている。これを目にして、私達が苦しまないと思うか。

〔八九〕　私達はそれが哀れに思えて苦しい、何とかして、神の愛を地上世界に送りたい、本来手に入るようになっているものを、自ら拒絶している多くの者達が住んでいる、かの地上世界へ。神は彼等に、すべてのものをあり余るほど与え給うたのに、彼等はそれを拒絶している。ここに飢えた者がいるのに、貴方はそこで満ち足りている。それで貴方は偉大な魂といえるか。

〔九〇〕　私達に一番辛いことは、皆さんの傍に在って、その苦しむさまを眺める時である。私達は承知している、これは本人の霊魂の闘いだから、決して助けてはいけないということを。もし貴方が勝てば、私達も勝つ。もし敗れれば、私達も敗れる。これはまさに私達の闘いである。だが指一本、貴方に差しのべてはいけないのだ。

〔九一〕　私も時には涙を流すことがある。その人の苦しみを見て、しかも助けてはいけないと知った時。それが神の法なのだ。これは本人にもまして、私には辛いことだ。

〔九二〕　私は貴方のために、貴方の問題を解いてあげるわけにはいかぬ。これこれしなさいと、いちいち指示すれば、それは貴方の自由意志を妨げることになる。私がもしこの霊媒に、こうせよ、ああしてはならぬと教えれば本人の自由意志は止まり、これで進歩もおしまいだ。
　貴方が貴方の手で、貴方の問題を解決すること、ここに貴方に内在するものを発現させる道がある。何事も坦々として容易であれば、霊性の進歩はない。苦しみあるところに、霊性の進歩がある。

〔九三〕　だが時には、皆さんの判断に、干渉せねばならぬということもある。このままでは大へん重大な事が脅やかされるという時には、私はあえて干渉する。たとえば、こうして霊媒を通じて行っている私の通信が、何か障害をうけそうな時には、私は通信の安全を守るために、断じて手をくだす。だが、問題が霊媒個人の進歩のためのものなら、それは彼の自己責任の範囲だから、本人自らの解決に委ねる。

〔九四〕　神はなぜ戦争をとめないのか、神はなぜ戦争を未然に防がないのか、多くの人はそう言う。だが神法を曲げてもそうせよと言うのなら、それは言う人の方が悪い。

　地上世界は、自分でやったことの結果を免れることは出来ない、私共にもその法を曲げることは許されない。一度蒔いたものを必ず刈り取る、利己主義の種を蒔けば、いつかは必ず、その報いをうける。高慢、嫉妬、妬み、貪欲、悪意、不信、疑い、これらはどれをとっても、それが実を結ぶ時、戦争となり困窮となり不和となる。

〔九五〕　霊界通信の背後の意味を知らない人達は、私達神法を伝える者をさして、とかくの批判をする。だが私達はあくまでも、神法を伝えることに変りはない。かりに皆さんがこれを宗教と呼び、科学と言い、哲学と名付けようとも、これはあくまでも神の自然の法、それに変りはないではないか。

〔九六〕　法に逆らって生きる者は、個人であれ、団体であれ、種族であれ、国民であれ、その果をうける。何度も繰返すように、法はその働きに狂いがないのだから。時には、皆さんの目には結果が見えないこともある。だが、原因があれば、必ず結果はこれに従って起こる。それが法というものだから。

〔九七〕　物質にばかり目を向けている人は、大きな誤りを犯している。その人は幻影を追い、永遠を忘れているのだから。これは単純な真理なのに、地上はまだこのことを知らない。

どうしてもこれが分からなければ、ひどい陣痛と涙によって、即ち流血の惨と悲劇によって、これを学ぶしかない。皆さんはどうか私がいつも言っているように、互いの愛と奉仕によって、これを学びとってほしい。もし、この方法で学んで頂けないとすれば、法にそむいて生きる者の代価を、払って貰わねばならぬ。

地上で偉大な者は、霊界では偉大な者ではない。私達の言う偉大さとは、魂の偉大さ、霊の偉大さ、奉仕の心の偉大さである。

〔九八〕　自由意志は神からの贈りものである。もしこれを不正に使えば、必ずその報いを受けなければならぬ。もし世界が法に従えば、利益を受け、これに反すれば、その果をうける。前者は平和と幸福と豊穣の道、後者は、悲劇と戦争と流血と混乱への道。

〔九九〕　この世には、傾向とか波動とかというものがある。だが、これは克服できないものではない。人間とは、放射や影響にとり囲まれて生きているもの、そしてこれが人間の運命に、影響を及ぼす。だが、神は人に神性の一部を与え給うた。もし人がその自由意志を正しく使えば、内在の神性が開花して、どんな障害でも克服できるのである。

〔一〇〇〕　神は人の内部に種子を置き給うた。人は園丁である。その種子が花を開くことができるか、またその時期はいつか、これはひとえに本人の努力いかんにかかっている。貴方がその種子を闇の中に置き、光を与えず、魂の光である愛と奉仕を注がなければ、内在の神性は少しも大きくならないのである。

〔一〇一〕　幾多の経験が集まって、人生絵巻が織りなされる。人はひと時の出来事をもって、すべてを計ろうとする。このように目先の物質にだけ目をとめれば、混沌が見えるだけ。だが全人生を貫いて、一本の神の糸が通っている。人はこのことを知らない。

〔一〇二〕　広い目で宇宙を見渡せば、調和がその法則となっていて、貴方がた一人一人は、すべて神の計画のなんらかの役を果たしている。時には風波があり絶望がある。時には、苦しみがあり悲劇がある。だが、人の一生の出来事はどれをとっても、貴方が辿る道程にふさわしく、貴方を創るために、みんな役に立っている。

〔一〇三〕　光と闇、陽光と影、これは単に一なる全体の反映にすぎない。影がなければ光はない、光がなければ影もない。そのように人生の苦しみは、魂が上へ上《のぼ》って行くための階段である。困苦・障害・不利益、これらはすべて魂の試練であり、魂はこれらをすべて克服し得て、初めて強くなり、浄化され深みを増し、高く飛躍できるのである。

〔一〇四〕　苦痛もなく影もなく、悲しみも、また災禍や悲劇もなしに、どうして無限の可能性を秘めた魂の内在の力が発現できよう。勿論、不可能なことだ。

人生の辛酸をなめつくして後、初めて頬笑みと喜びの味が分かってくる。人生はどん底に落ちた分だけ、高く飛翔できるものだ。地上の影を経験し嘗《な》め尽くすほどに、人は陽光のもつ大きな喜びを、味わいとることができる。

〔一〇五〕人の營める経験は、すべてこれ本人の進歩を形作る一齣《こま》である。いつの日か、肉の軛《くびき》から解き放され、物質で曇らない目をもって、過ぎ来し地上の人生をふり返る時、人は初めて、あらゆる出来事を貫いて達観する。一つ一つの経験は、まさに置かれるべき場所に置かれていたと。またどの経験をとっても、魂の進歩の教訓であり、また内在の可能性を自覚させる薬でないものはなかったと。

〔一〇六〕人が受け取る経験で、これを正しく真直ぐに理解すれば、どの一つといえども、魂の役に立たないものはないのである。貴方は、苦しみもなく試練もなく、障害や痛みや災禍もない物質世界を、考えてみることが出来るか。

それでは、何の進歩もなく、また克服努力すべき何ものもない。従ってこれでは衰滅があるだけだ。

〔一〇七〕あらゆる生命は神のもの、相手が人間でなくても、決して殺してはいけない。昔、狐が二十羽の鶏を喰い殺したという話がある。これがもし、狐でなくて貴方だったらどうしよう。もし私が鉄砲をやり、鶏を喰い殺した貴方を撃てと命じたら。神はすべての人に、どこに在っても困らないように供え給うた。人間を飢えさせるのは人間自身である、狐ではない。

地上の人間も、今後進歩を遂げていけば、低俗な欲望をふり落としていくだろう。もし、人が狐にしろ鶏にしろ創造できるものなら、その命を奪ってもよい。また、人が狐や鶏なら殺してもよいと言うのなら、人はまた人間を殺してもよいことになる。生命は人間のものではない。神のものである。従って、他の生命を奪う者は、後日その報いを受けねばならぬ。

将来、人は神法を理解するときが来る。神法は言う、宇宙のあらゆるもの、動物、鳥、魚、花……これらはすべて神の計画の一環である。彼等はすべて神の被造物として、それぞれそこへ置かれているのである。

第四章　神について

〔一〇八〕（問）神とは何ですか。

（答）神とは宇宙を貫く法である。神とは、あらゆる生命の背後にある創造力である。神とは完全な愛であり、完全な英知である。神とは、宇宙のありとあらゆる所に瀰漫《びまん》した存在である。

　神はあらゆる生命を満たし、あらゆるものの内部に在り給う。神は大いなる霊であり、生命であり、愛であり、またありとあらゆる存在するもののすべてであり給う。


〔一〇九〕（問）聖書には、神は一羽の雀の落ちるのも知り給う、とあります。だが、この世には無数の人口があるのに、その人達の細部にわたってまで、神はどのようにして知り給うのですか。

（答）神とは宇宙の法である。神はあらゆるものの内部に在り、万物はまた神である。魂は自らを知るが故に、神は魂を知り給う。雀は神であるが故に、神は雀を知り給う。神は震える葉の内部に在り給うから、震える葉は神である。地上といわず、霊界といわず、また人類に未知な世界においてさえ、神法はすべてのものを支配し給う。この法の外に何ものも生じることなく、あらゆるものはこの法の枠の中に生じるから、神はあらゆる事を知り給う。


〔一一〇〕（問）貴方のお話によると、神はあらゆるものの内に在って、あらゆるものの根源ということなります。すると、悪をなす者は神法の枠の中で悪をしているのですか。また戦争を願い人を憎悪する者は、やはり神法の枠の中でそうしているのですか。事実、人間はすべて神の分身だから、神法の枠からはみ出すわけにはいかないわけですね。いったいこれは、どのように解釈したらよいのですか。

（答）完全があり不完全がある。しかし、不完全が発展して完全となるように、不完全の中には、完全の種子が宿っている。完全は完全から生まれることなく、ただ不完全からのみ生じる。

生命とは、生々発展し、進歩向上し、顕現拡大するものである。善といい悪といい、それは単に、生命の進歩途上の階段にすぎない、そこが終点ではない。皆さんは中途半端な頭でものを判断するから、ここまでが善で、そこからは悪と言う。だが、それは人間的な観念にすぎない。皆さんがやがてもっと違った立場に立てば、善悪の判断も自ずから違ったものになる。しかし、神は常にあらゆるものの内部に在り給うのである。

〔一一〕（問）では、地震も神が起こすものですか。

（答）神は法、あらゆるものを統《す》べる法。法はあらゆるものを支配する。宇宙には、この法から外にあるものは何一つない。地震や雷が地上の人々に上のような疑問を起こすことを知っている。

だがそれらもすべて宇宙の一環をなしている。宇宙は進化しつつある、そこに住む者達が進化しつつあるのと同じように。物質世界はまだ完全から遥かに遠く、なかなか完全には到達しないであろう、更に更に進化をつづけるだろう。

〔一二二〕(問) それは神も進歩しつつあるという意味ですか。

(答) いや、神は法であり、法は完全である。だが、地球に現われる神の部分ということなら、その現われは地球の進歩に応じて進化しつつある。よろしいか、地球は進歩しつつある、地震などの諸現象はその進歩のしるしである。かつて、地球は火と嵐の状態で発生し、いま漸次、完全に向かって進歩している。

〔一二三〕(問) 神と宇宙とは別のものですか。

(答) いや、宇宙とは単に神の反映にすぎない。神とは秩序である。蝿《はえ》に世界が分かるか。魚に鳥の生命が分かるか。犬が人間のように考えられるか。星に空が分かるか。貴方に、貴方より広大な神のことが分かるか。だがその貴方でも、魂を発揮させればそのことが分かる。即ち、言葉を発しなくても、魂の静謐の中にひたれば、貴方の霊は神へ向かって伸びていき、神と一つであることが分かる。このことは言葉で言い表わせない。だが人の魂の静謐の中にあっては、また宇宙のあらゆるものの魂の内部にあっては、それが表現されているのである。

〔一一四〕（問）霊魂は個の意識を獲得するためには、物質界と接触しなければならないのですか。

（答）その通り。霊魂が意識をもつためには、肉体をとって物質の経験を重ねなければならない。霊魂は物質から霊へと進歩する。その意味は、肉体をもつことによって、物質の窓を通して働きつつ、個性としての自己を発揮できるようになる、ということである。霊は肉体経験を重ねて後、初めて自己を知るようになるのである。

〔一一五〕（問）では、神は私達を通じて、経験を獲得しつつあるのですか。

（答）いや、それは違う。すでに完全なものに、人間の進歩が影響を与えるわけがない。

〔一一六〕（問）でも、私達は神の分身なのだから、部分である私達の進歩は、全体に影響を与えるのではないですか。

（答）それは唯、貴方という形をとって現われている部分に影響するだけだ。その部分も本来完全なのだが、唯貴方を通じて働くことにおいて完全でないだけである。本来霊は完全である。霊は宇宙の根源的要素、霊は生命の息。だがその霊も、貴方を通じての表現の点では不完全なのである。その理由は、貴方が不完全だからだ。貴方は進歩するにつれて、もっともっと完全性を発揮できるようになる。貴方は霊を進歩させているのではない。霊が自己表現するための諸媒体を、進歩させつつあるのだ。

〔一一七〕(問) 霊が自己発揮している諸媒体は、移り変っていく性質をもっているのですか。

(答) 然り、法は完全である。ただし貴方を通じて発揮されている法は完全ではない。それは貴方が完全ではないからだ。だが貴方が完全になればなる程、法はより多く貴方を通じて働くことが出来る。今ここに鏡と光があるとしよう。鏡は光を反射する。しかし鏡が曇っていれば、光をすっかり反射することはできない。貴方が鏡を完全なものにするに従い、多くの光を映すことが出来る。

あらゆるものが絶えず、自己を掘り出している。生命とは鉱石を砕き、磨き、苦労をしてとり出す黄金のようなものだ。その黄金を善、鉱石を悪と、誰が言うことができようか。

〔一一八〕(問) しかし、私達は皆、善と悪との観念をもっています。

(答) 善悪とは相対的なもので、魂が進歩の中途の段階にあることを示す観念にすぎない。魂がもっと高く向上すれば、そんなものは振り捨ててしまう。善悪は、まだ完全でない媒体を通じて、完全な法が自己発揮をしている時に、出てくる不完全さにすぎない。

〔一一九〕（問）すると、神は初源において、善ではなかったということですか。

（答）私は初めのことを知らない、また終りのことも知らない。私に分かることは、ただ神は常に存在したたし、今後も存在し続けるだろうということだけ。神法はその働きまことに完璧、だが今かりに、完全な光があっても、曇った鏡にこれを映せば、光の完全な姿を映すことはできない。しかしこの光をさして、不完全だ悪だと言うわけにはいくまい。つまり魂はまだ、内在の完全性を表現する状態に達していないということだ。地上で悪と呼ぶものは、不完全さにすぎない、完全な神を不完全に表現しているものにすぎない。

〔一二〇〕（問）創造者はただ一人、私達には何も創造できない、こう言ってよろしいか。

（答）神は過去、現在、未来にわたっていまし給う。あらゆる生命は神であり、神はあらゆる生命である。貴方には何が出来るか。しかし貴方もその魂を磨けば、浄化し進歩する。磨くこと少なければ、宇宙の中で貴方の地位もまた低い。

第五章　祈りの価値

〔一二二〕（問）祈りとは大切なものですか。

（答）それは祈りいかんによる。目的もなく言葉を繰返すだけなら、それは単に空気の振動にすぎない。心をこめ魂のかぎり、神に触れようと神に従おうと願いをこめる祈りなら、初めてその強さを増し、神の僕《しもべ》にふさわしいものとなる。この祈り、自己をさらけ出して、心をひらくこの行為によって、我々はすべて一つに結び付くことができるのである。

祈りとは、自分をより高い霊力と結び付ける手段である。私の言う祈りとは、意味も分からずに、人の書いた文句を口先だけで繰返す祈りではない。それは及ぶかぎりの高みを希求し、心をこめ魂をつくして祈るお祈りのことである。このような祈りであって初めて、内に霊感が満ち溢れ、人は強さを増す。

〔一二三〕（問）人のためのお祈りは効果がありますか。

（答）本当の祈りなら、決して無駄に終ることはない。思想は力であるから。

（問）遠隔治療のために治病家が行う祈りは、効果がありますか。

（答）祈れば、その人から心霊エネルギーが放射され、支配霊はこれを利用することができる。

〔一二三〕（問）祈りによって、他界の霊魂の我々に対する助力を強めることができますか。

（答）真摯《し》な態度で祈れば、人は高級な霊力に触れやすくなる。ほんのちょっとの祈りでも、魂は上方へ開かれる。ただしその祈りとは、心をこめ精神をこめ魂をこめた祈りでなければならぬ。単なる祈願のための祈りは祈りではない。祈りとはこれを正しく解すれば、偉大な霊的な作用というべきである。まさしく祈りとは、目的そのものでなく、目的に至る手段、このように定義すべきである。

〔一二四〕祈りとは唯一つしかない。即ち「どのように奉仕したらよろしいか、お教え下さい」これである。この神と人類への奉仕の願い、これより大きな仕事はない、これにまさる愛はなく、これにすぎる宗教も哲学もない。どの道で奉仕するかは問うところでない。たとえば神法の真理を述べ伝えるか、飢えた人に食を与えるか、または苦しむ人の心から悩みを取り除いてやるか、道はそれぞれ違っても、肝心なことは唯一つ、いかにひたすら奉仕するか、このことである。

〔一二五〕自分を忘れて奉仕さえすれば、自分の霊性――神の霊――はいよいよ発揮されていく。何と単純なことではないか。しかるに世の人々は、教会を建てたり、教義教条をならべたてたり、宗教のためと称しては、しかつめらしい儀式を行ったり、わけの分からぬ長い文句を唱えたりしている。

　私が知っているのは次のことだけ。どうか皆さん出て行って、倒れた人を立ち上がらせ、疲れた人には眠りを与え、飢えた人には食を、渇いた人には水を、闇に呻吟する人には新しい光を与えなさい。

〔一二六〕（問）いくら祈っても、何の反応もないことがありますが、それはなぜですか。

（答）誰しも心の中に一つの闘いをもっている。神に向かうか、それとも自分勝手な道を選ぶか。前者が勝てば神との一体感にひたる、後者が勝てば意気沮喪した感となる。皆さんは、自分に都合のよい道よりも、自分が最も他の役に立つような道を選ぶように心がけねばならぬ。

　この交霊会場には、毎日毎夜、一団の霊魂が入って来る。彼等はいずれも自分の進歩を放擲《ほうてき》して、やがて地上の闇を照らす一団の光明を、ここにつくり上げようと活動を続けている。この使命に比べれば、地上の悩みなどはまことに些細、無に等しい。

　この世には、眠る所や休む家もなく、この大空の下、輝く星のほか何ものもなく、雨と嵐にうたれて眠らねばならぬ人々があり、またあるいはその身を支えるための食さえもなく、飢えた人々がいる。これに比べれば皆さんの悩みなど、神の目より見れば、大きいといえようか。

どうか次のことをよく肝に銘じておいてもらいたい。皆さんはすべて神の計画を助けつつある者だ。即ちかの偉大にして素晴らしい計画、その中に皆さんの一人ひとりは、自らの小さな絵模様を織りこみつつある。やがてこの織物は完成するだろう。その暁には、各民族各人種はその所を得て、ここに完全な世界が現出することになる。静寂の中に生まれつつあるもの、何ものも動いているとは見えない時に、それこそ織られつつある刺繍の一部。日に夜をついでこの作業は進む、他日地上の子等すべてを覆いつくす、大いなる織物を織り上げる作業が。

〔一二七〕(問)祈れば、ある霊魂がそれを聞いてくれるのですか。それとも、私達の方から祈りによって、それに応えてくれるような力を求めなければならないのですか。

(答)祈りとは魂の表白である。これをさらに説明すると、祈りとは光明を求め導きを希求する魂の叫び。このような叫びは、それ自ら答えを生むものである。これ即ち、念の力の働きによるのである。

祈りは因となって応答をひきよせる。従ってある霊魂が貴方の祈りのために、待ちうけている必要はない。貴方が祈れば、その祈りの質にもよるが、まず貴方の魂の向上の程度に応じて、とどく限りの他界のすべての霊魂にすぐに通じるのである。

これらの霊魂は地上に奉仕したいと思っているから、すぐ貴方に力を加え、貴方の力を倍加させる。貴方が霊性の一部である念波を発しさえすればこのことが起こる。こうして貴方の魂の程度に比例しながら、宇宙の力が貴方のために働く。これ即ち、貴方は自分の及ぶ限りの力と感応道交したのである。

貴方の内には神性が宿っており、それは常に自己発揮を希求している。貴方が祈りを通じ奉仕を通じて、自己の神性を発揮する時、貴方は内在の神を顕現しているのである。祈りであれ奉仕であれ、人の魂を、また自分の魂を、向上させようとすることは、それが何であれ、これすべて貴方の魂の進歩につながるのである。

第六章　キリスト教の誤謬

〔一二八〕　信条が人を縛りつけている、これは地上の不幸である。これは疫病よりも、肉体をむしばむ病気よりも悪い。それは魂の災厄である。それは魂の目かくしである。

〔一二九〕　信条は無限の神智を巧みに勝手な使い方をする、だから人々は信条の虜《とりこ》となってしまう。世にはとらわれている間だけ倖せを感じる者がいるものだ。自由とはまさに、自由を楽しむ道をわきまえた人々のものだ。幸いなるかな、信条の牢獄から脱け出た者よ。幸いなるかな、人の魂を高め、同じくこの牢獄から逃がれ出させようと努める者よ。

〔一三〇〕　私達は信条や儀式を、皆さんに示す意はない。ただ神の愛を、人類を通じ自らを顕現しようと望み給う神の愛のみを示すものである。どうか皆さんは、どんな経典にも教義にも権威にも古文書にも従うことのないよう、また聖なる遺物を崇拝することのないよう、ただ宇宙で至高なる神の法にのみ従うようおすすめする。この神法こそが唯一つ至上の権威である。

〔一三一〕　多数の教会は暗黒時代の遺物である。神はどんな建物の中にも閉じこめられるものではない。神はいずこにも在り給う。彼等は考える、石を築き大きな尖塔を造り、窓に色ガラスをはめるが故に、神を喜ばせているのであると。

神は何を喜び給うか、太陽が人々の心を明るくし、雨が穀物の実りをもたらす時、神は喜び給うのである。しかしながら神の賜物と神の子等との間には、教会がある、政治家がある、財務官がある。すべてこれらは掃討されねばならぬもの。今やその掃討が始まっている。

〔二三二〕 かつてイエスを通じて働いた力が今もう一度働いていることを知って貰いたい。当時教会の長達はその霊力を拒否し、悪魔であると言った。それと全く同じことが、今やはり教会の長達によって行われている。唯違うところは、世界が進歩して、もはや十字架を使わなくなったことだけだ。

〔二三三〕 イエスの輝きは単に過去のものではない。今日においてもそうである。今イエスはいずこにあると思うか。彼の生涯はエルサレムで終ったと思うか。悲しみと悩みと災禍とに満ちた地上世界とともに、イエスの偉大な魂はいまいずこにあるだろうか。

〔二三四〕 今日、私達をさして、暗黒の教えを説くと攻撃する者は、かつてイエスを迫害した者達と同じ線に連なっている。私達はイエスと同じように大神霊の力を伴ってやって来ている。そして同じ啓示、同じ通信を送る、「悲しむ者を慰めよ、病める者を癒し、暗黒にある者に光を与え、力なえた者には力を、知なき者には知を与えよ」と。

〔一三五〕　私達霊団の者は、一人残らず神の僕であり、その中には、多少進歩を遂げた者もいる。従って私達は奉仕のためにここへ帰って来たのである。奉仕こそは生命の法、奉仕のある所には平和と幸福があり、奉仕のない所には荒廃のみがある。地上世界も、早く相互奉仕という新しい生活体系を建設しなければならぬ。それは何と単純なことではないか。だが、人々はこれを大変むずかしいものにしてしまう。

〔一三六〕　私はいわゆる神に仕える人々を遺憾に思う。彼等には捨て去らねばならぬものが沢山ある。彼等は過去、砂上に楼閣を築き上げ、いま霊的真理の攻撃に直面するや、その楼閣を防衛しようとする。彼等は嘘言をでっちあげ、イエスを作り話でくるんでしまった。彼等はイエスを、神に祭り上げてしまったのである。だが、それはそもそも間違いであるので、彼等は徐々にこれを取り壊していかねばならない。だが壊そうとすると、恐怖が胸を突き心を脅やかすのである。

〔一三七〕　私達が戻って来たのは、余の儀ではない。皆さんがどんな一人の人にも盲従することのないよう、一冊の経典、一つの教派、一人の指導者、この世であれ霊界であれ、いかなる者にも盲従することのないよう説くためである。そして従うべきものは唯一つ、神の法これである。何となれば、この法だけは絶対に誤ることのない狂いのないものであるから。

〔一三八〕この故に、私達は自然の法を説く、唯この自然の法だけを。人はこれに名付けてスピリチュアリズムと呼ぶかもしれぬ。しかしその名前はどうでもよい。唯その教えが神の自然の法とその働きをさすものであるならば。この世と言わずあの世と言わず、生命ある所に必ず働いている神法とその働きをさすものであるならば。

〔一三九〕地上の神学は今日では大変むずかしいものとなってしまった。それは人々が一人の指導者をもてはやし神にまで祭り上げてしまったからだ。かの科学者や哲学者、精神の自由を求め理性に反したものを何一つ受け入れない真摯な人々にとって、神学はあまりにもむずかしいものとなってしまった。

〔一四〇〕この故に、私は神霊の法を強調する。この法を正しく理解すれば、あらゆる知識が調和を得るからである。神法はどこからみても、科学者・哲人・自由人その他、誰の精神にも反逆するものではない。それは永遠にして不変の神の働きの上に築かれているからである。

〔一四一〕　地上も、英知と理解力が成長すれば、神法に従って生きるようになるだろう。法への素直さを身につけるようになるだろう。また地上に起こる悲劇、飢餓、災厄のすべては、神法の不履行から起こることを人類は学びとることになろう。

〔一四二〕　私は教会を不甲斐ないと思う。教会はイエスの真理を伝える機会をもちながら、これを少しも利用していない。

教会はイエスに仕えようとしながら、イエスを常に裏切っている。このことが私にはどうしても我慢できない。教会はイエスから人間味を奪い取り、そのためイエスはもはや人間の典型ではなくなり、人の手のとどかない天国におしやられて、神に祭り上げられてしまっている。

〔一四三〕　教会の扉にはどこにも「我等は真理にのみ忠誠を誓う」とは書いてない。むしろこう書いてある「我等は信条を説教する、我等は教義を支持する、我等は儀式をとり行う、我等は祭典を頼みとする」と。これではまことに、教会は真理に反対するための手段でしかない。

私は、牧師となって奉仕に努めている沢山の立派な人々のことを批判しているのではない。私が批判しているのは教会組織である。これは真理への道を進まず、いたずらにカビの生えた標語を繰返すだけで、生々たる霊力の発揮には少しも場を与えていない。

〔一四四〕 イエスは神の通路であり、人間の理想である。即ち人間なら誰でも、天与の神性を発揮しようとしさえすれば、彼のようになることが出来る、そんな意味での人間の手本である。

〔一四五〕 教義・教条・信条・儀式・祭典・ステンドグラス・祭壇・司教冠・祭服、これらが宗教とどんなかかわりをもつのか。宗教、それは霊の中にある。即ちあらゆる被造物の中にひそむ霊の中にある。そして霊こそは、生命のリズムと表現の中に、また大自然のあらゆる面の一つ一つに、その姿を現わし、あるいは奉仕に燃える理想家と革新家の理想の中に生き生きと燃え上がる。これが教義とどんな関係をもつといえるか。

〔一四六〕 自由になることを学びとりなさい。自らを閉じこめるな。自分の周りに垣根を作ったり、外から入る新しい霊感を拒んではいけない。真理とは絶えざる探究である。貴方の中で真理の境界は日に日に拡大しつつある。何となれば、魂が進歩するにつれ、心もこれに応じるものだから。

〔一四七〕 知識も真理も知恵も成長も無限であると悟れば、貴方は自由となる。自分で間違いだと分かったら、すぐにそれを捨てなさい、その時貴方は自由となる。貴方が新しい光に直面して、誤りを捨てることを恐れないなら、貴方は自由となる。

〔一四八〕　地上世界は古い寓話を、古さの故に過大に評価している。古さと真理、それは必ずしも併行しない。人類揺籃期の貴重な信仰、それを放棄することがとても難しいことは私にも分かっている。

しかしいつの日か魂が自由となる時、人類は理性にそむくもののすべてを、放棄するに違いない。

〔一四九〕(問)キリスト教のおかげで、沢山の善人が生まれたのではないでしょうか。

(答)彼等はキリスト教に入っても入らなくても、同じように善人であったに違いない。

〔一五〇〕(問)おもてむきは信条を信じているが、実際の生活が善であり、かつ利己的ではないキリスト教徒はいないでしょうか。

(答)彼等はキリスト教徒としては、良いキリスト教徒でなく、むしろ悪い教徒である。だがその人となりは善人である。信条はどんなものでも魂の軛《くびき》である。人は教義教条の故に善なのでなく、教義教条にもかかわらず善なのである。これまで、信条の名において互いに殺戮《さつりく》したり焚《はん》刑にしたりした。魂を縛り拘束し、魂の開顕を阻止するものは何ものでも一掃されなければならない。

〔一五一〕(問) 癩《らい》病集団地区へ救済に出かける僧侶はどうでしょうか。

(答) 彼等は信条の故に行くのではない。魂の奉仕の熱意、これによって行くのである。宗教とは信条を超えたもの、信条は宗教ではない。

〔一五二〕 組織的宗教への復帰を求めているカンタベリ大司教のラジオでの説教に対して、バーチは次のように語った。

真の宗教とは、人に奉仕することによって、神に仕えることである。そのためには、教会も僧侶も牧師も経典も、何の必要もない。唯これらが人の心に奉仕の熱意を植え付け、以前にまさる人類愛をかきたてるのでなければ。機会あるごとに人に奉仕せよ。重荷を負う同胞に力を与えよ。これが宗教だ。

〔一五三〕 私は素朴な真理を繰返し述べるだけである。この真理については、皆さんの多くはあるいは直感によって、あるいは理性と論理によって御存知のはずだ。私は広大な霊界で学んだ真理を、ここへ来て述べるものである。霊界では何人《なんぴと》も、事実と常に直面せねばならぬ。そこでは原因と結果が一本の線となって見え、奉仕する者は奉仕しない者より常に偉大であるとみなされる。地上での仮面と虚偽ははぎ取られ、魂は赤裸となって、そのありのままの姿が誰の目にも映る。

〔一五四〕私は霊の世界から来た者である。そこでは真実のみが露呈しており、ごまかしは通用せず、人の価値はいつも他の人の目に明らかである。霊の貧しさと豊かさの外、地上のような貧富の差はなく、魂の強さと弱さの外、強者と弱者の別はない。

地上が高く評価するものは、すべて遠い過去の記憶の外へ色あせて滅び、霊的永遠の真実のみが永久に続いている。

〔一五五〕地上を見渡してみられよ。悲惨がある、絶望がある、悲哀がある、苦悩がある。そこに広大な奉仕の野がある、お分かりかな。依然として無知が横行し、力の誤用がまかり通り、特権は更に打倒されねばならない。飢餓と欠乏を見よ、持ちすぎるあまり災厄にあう者もあれば、持たざるが故に苦しむ者もある。苦痛にのたうつ多数の肉体を見よ、内在する神の力を思うように発揮することも出来ないままに。貧困と窮迫の環境を見よ、自らクリスチャンをもって自認する人々も、恥かしくなる茅屋《ぼうおく》を見よ。

〔一五六〕　しかし心に刻みつけて貰いたい事は、地上世界は天国になることが出来るということ、また地上を平和と豊穣の楽園に変えられる一切のものが、地上には隠され満ちみちているということ。しかるに、地上は今や利己の雑草で窒息している。

〔一五七〕（問）イエス・キリストは教会の教えのように神の子ですか。それとも大きな霊能をもった人間だったのですか。

（答）イエスは神の伝達係であった。彼は神の使命を帯びて物質界へ来た者であった。彼は地上での使命を終えた。だがまだ終っていない使命の残りがあって、いまこれを霊界から指示している。イエスを礼拝するのは誤りである。礼拝は神に対してのみなされるべきもので、その使者に対してなすべきものではない。イエスは自然の法の順序に従って、つまり人が誰でも地上に出生する順序を経て、地上に生まれたのであった。皆さんも神の自然の掟を通らなければ生きることは出来ず、この世に生まれることも出来ず、他界へ移ることも出来ないはず。

〔一五八〕（問）貴方はそのことを、バイブルによって確証することができますか。

（答）私が訴えたいのは神の法だけである。神は今なお活動され、啓示を与えつづけておられる。

一冊のバイブルだけに固執するものは捨てておかねばなるまい。

神法は今も依然として働いている。だから人がもし、かつてイエスの時のように神の御用のために自己を捧げるなら、神の力はその人を通じて、今日が日にでも流れ出るのである。皆さんが聖書と呼ぶもの、あれは偉大な書だ。しかし世にはもっと偉大な聖書がある。それは神法によって支えられている宇宙、これである。この宇宙から、皆さんは地上のどんな聖書にもまして、多くのものを学びとることができる。たとえどんなに地上の聖書が尊敬され立派であるとしても。

〔一五九〕（問）イエスは今どこにいますか。また何をしていますか。

（答）イエスの身体を通じて働いた霊は、二〇〇〇年前に始まったあの仕事をつづけながら、今もなお活動している。しかし、この霊はあれからもう千度も磔《はりつけ》にされ、今もほとんど毎日磔にされている。しかし、この霊は神の分身であるから、その影響感化を拡大しつづけるであろう。たとえ神の通路となる者がどこにあろうとも。

〔一六〇〕（問）貴方がいま話しているのは、イエスという人間のことですか、それともイエスを通じて働いた霊力のことですか。

（答）イエスその人のことである。しかしあれからイエスも進歩した。当時の彼に比べて、その霊的意識はずっと遥かに大きくなっている。というのは、当時の彼の霊的意識は、どうしてもその時代のもつ制約を受けざるを得なかったから。しかし、かつて地上にはイエスにましてその霊性を発揮した人物はいなかった。またイエスにまして、神法をかくも力強く発現した人物もいなかった。

〔一六一〕（問）それは、この二〇〇〇年間という意味ですか。

（答）いやそれ以前、またその後を通じてである。これは地上で空前絶後の神力の顕現であった。しかし私達は地上に生をうけたあの人間を崇敬してこう言っているのではない。私達が敬意を捧げるのは、イエスを通じて働いた力に対してである。しかし私達も人間イエスが霊力の通路であった点においては、イエスも尊敬に値することを認めるものである。

〔一六二〕（問）霊界には、イエスのような指導者を送って、新しい啓示を伝えようという新しい計画がありますか。

（答）以前とは時代の要求が違ってきたので、それに応じて違った方法が今とられつつある。地上はいよいよ複雑に、いよいよ相互依存の関係がたかまったことを御承知願いたい。そのため以前より多くの霊交の通路が必要になってきている。私達はいろいろな気質・多様な生活慣習・思想・流行に直面せねばならなくなっている。私達は通信を、国民性や環境、民族的慣習とに応じて適合させねばならない。各国民それぞれの言語とその制約の中で、通信を行わねばならない。だが、こういう力の中心の背後には、常に同一の推進力が働いているのである。

〔一六三〕　クリスチャン達は、死後復活して姿を現わしたイエスに敬意を払う。彼は死の彼方になお生命が続くことを、復活した彼が同一人物であることを実証した。その証拠として、肉体をとり処刑の傷痕も生々しく出現してみせた、更に二度までも、彼は出現してみせたのであった。

キリスト教世界ではこのことを信じる、しかとそれを証明することはできないが。唯これは奇跡であるという。私達もイエスと同じように、死の彼方から戻って来た、彼と同じ法則に従って。それは唯、神は永遠であることを、神の法は不変であることを、一人の者が復活すれば、他のすべての者も復活することを……復活は生命である神の法であるが故に、このことを示さんがために。

第七章　信条と真理

英国国教の教義統一のために、十五年間にわたって、二十五名の神学者が教会信仰を検討してきたが、一九三八年に「英国国教の教義」と題して、分厚い報告書を出版した。シルバー・バーチはその引用文のいくつかについて見解を求められ、次のように答えた。以下、（文）として示されているのが、その引用文であり、（注）はバーチの見解である。

〔一六四〕　もし人々が幼児のような心になり、過去からのどんなドグマにもとらわれなければ、真理は極めてたやすく理解できるものである。

真理とは、新しい教義や信条をつくろうなどとの欲があっては駄目で、唯幼児のように率直に求める心、どんな犠牲を払っても、ひたすら正しいものを見出そうという心、この態度にして初めて真理は現われるのである。

〔一六五〕（文）イエスの復活は、人類史上で空前絶後の神の御業である。

（注）こんな結論を出すのに、十五年もかかったのか。イエスを欺く者、それは実に、自らをキリスト教徒と称する者達である。

復活は生命の法の一つである。誰しも、死によって魂が肉体から離れれば、復活が起こる。復活はひとりの人の独占物ではない。それはあらゆる人々のもの。即ち人は誰しも、死の関門を通って帰って行く、こうして肉体を背後に残して霊の世界に入るや、前から用意されていた霊的媒体をまとって、新生活に入っていくのである。

イエスは自然の法以上の事は何もしなかった。彼は法を実行するために来たのであり、その言行すべて法の現われであった。イエスは言わなかったか、「これらの事を汝等もなすべし、更にこれ以上の事をも」と。皆さんが人の手の届かない雲の高みに、イエスをもちあげてしまえば、これは、イエスの使命のすべての価値を失わせることになる。何となれば、イエスが地上に現われた意義は、もし人が誰でも、神法を生活にいかそうとしさえすれば、誰にでも出来ることを、世に示すためではなかったか。

彼は霊の世界に入り、また地上へ戻った。このことは彼以前にも多くの霊がそうしたたし、彼の後にも無数の霊が戻って来た。宇宙に奇跡はない。何となれば、神の法は絶えず働いているし、またいやしくも過去に何かが起こったとすれば、それは即ち、神法の存在を証しするものであるから。

〔一六六〕（文）洗礼は、幼児洗礼の場合でも、罪を犯しがちな人間の傾向から、人を解放する手段である。洗礼をうけていない聖者の生活には欠陥がある。

（注）僧侶は誰しも魔力などもっていない。水から、水以外の何かをつくることなど出来るものでない。僧は数滴の水をとり、子供の額にしたたらす。唯それだけのことで、子供の人生がこの世でか、またあの世でか変る、そんな馬鹿なことはあり得ない。数滴の水、それはかつて数滴の水であったし、また今後も数滴の水である。水の化学的成分を変化させ、自然の法則に反して何かをつくり出す、そんな力など僧にはない。

魂は、洗礼によって変化しない。誰しも、人の魂を進歩させてあげる力などはもっていない。人は独力で進歩を遂げねばならぬ、地上で送る自分の生活の色あいいかんによって。人の行為の結果は、他人は誰一人、これに指一本ふれることはできない。ただ本人の償いと、うける苦しみの応報による外は。

聖者であることは、洗礼とは無関係である。それは、本人が生活に、神性をいかほど発揮するか否かにかかっている。人が地上生活中に、出来るだけの完全性を、日常生活に達成する限り。

〔一六七〕（文）神はお望みなら、奇跡を行うことができ給うが、奇跡が起こるかどうかについては、命令が必要である。

（注）彼等が更に十五年間考えたら、確信をもっただろうか。何と哀れむべき図か。盲人が盲人の

道案内をしている。これが皆さんの先生の姿だ。彼等は奇跡が起こるかどうかすら、言うことが出来ずにいる。奇跡はない。奇跡がかつて起こったためしはないし、また将来起こることもない。神は神であり、神法はその働き完全無欠である。また神法は完全者の創造物である。もし神が、この完全者の創造した法を、一時停止せねばならぬとするなら、混乱が起こるに違いない。神が先を見通さなかったが故に、ある出来事を付け加えようとして、創造の計画に手を加えねばならぬとするなら、もはや神は完全者ではなく、神は不完全者となる。もし神がある人に、特に誼《よし》みを与えるために、奇跡を行わねばならぬとするなら、神はもはや、卑小な神にすぎず、あらゆる生命の無窮の霊ではなくなる。何と、彼等は貧弱な自分の考えで、神を卑小なものとすることか。

彼等は高遠な法を知らないが故に、彼等は霊の力を知らないが故に、彼等は私達の霊界から降る力に触れないが故に、彼等は、霊媒を通じて起こされるこのような心霊現象、いわゆる奇跡を理解することはできない。イエスの行った行跡は、今日の科学の法則では割りきれないので、これは奇跡だと、彼等は無理に考えてしまう。もし彼等に、霊の法則の働きが理解できるならば、昨日も今日も明日も、神には変りがないことが分かるだろう。また、神の賜物を生活にいかすことの出来る人なら、神力を感得し、これを思いのままに活用することが出来ると、彼等は考えるだろうに。

神は、新しい法を創造する必要はない。すべての法が常に存在しつづけているから、宇宙に必要なすべてのものが今ここに在る。今までも常に存在したし、未来もそれは変りなく在りつづけるだろう。完璧なる神は、存在の各段階に必要なすべてのものを予見されていた。

〔一六八〕（文）キリスト教徒の立場から見ると、聖書は空前絶後の啓示の記録であって、類《たぐい》まれなものである。

（注）何とその心の曇っていることか。いやまことに、その心は真暗な迷信の淵に沈んでいることか。厚い壁にとり囲まれて、迷信の砦の後に、深く自らの身を隠して。

天地開闢《かいびゃく》の初めより、霊師達は人類に、神についての啓示を与えるために、地上へやって来ていた。彼等はその時代の言葉で語りかけた。啓示はその時代の要求に合致したものであり、またその国情、その民族の進歩の程度に相応したものであった。つまり啓示は、人々の理解を超えるほど高すぎてはいけないのであって、理解して貰えるような方法で啓示されねばならなかったのだ。

しかしながら、人類進歩の過程は休むことなく進行し、地上の子等が進歩向上するにつれて、新しい教師が新しい霊媒が出現した。彼等は各々、その時代の要求に合致した自己の理想を、自己の夢を、自己の予言を、自己の通信を、自己の霊感を、自己の真理を、自己の教えをもって登場した。啓示に終りはない。

何となれば、神は完全無窮無碍《げ》であるから。今日の啓示は昨日の啓示とつながりをもっている。私達はイエスの教えた真理を否定しない。イエスはモーゼの教えた真理を否定しなかった。また未来の世界に私達の後に現われる霊師達は、今日私達が伝える真理を否定しないであろう。

しかし、未来の人類はもっと高い進化の段階に達しているだろうから、その時代の真理は、今日皆さんが聞く真理より、もっと進んだものとなるに違いない。

〔一六九〕(文) キリスト教徒にとって、キリストは唯一の不可欠の仲介者である。父なる神とキリストは直接結ばれているが、私達人間はキリストを通じて父なる神に接するのである。

(注) いや、神は貴方の内に在る。貴方は神の中に在る。「天国は内部に在る」とイエスは教えたではないか。

彼等はキリストの教えを少しも分かっていないではないか。貴方は神から一寸たりとも離れていない。神もまた貴方から寸毫《すんごう》も離れていない。神と貴方を結ぶ一本の絆《きずな》は不滅のものであるから、貴方は決して失われることはない。

貴方が生活の中に神性を顕現していくにつれ、貴方は直接神に近づいていく。貴方がたは一人残らず神の一部分をもっているから、貴方と神との間には誰も仲介者を必要としない。仲介者はイエスの目的ではなかった。彼は人生のあり方を教えるために地上に来た、人々が神性を発揮するようにと。

神学は地上世界の呪詛である。それは人間に足枷をはめ、魂を牢獄に入れる。自由を求めるなら、貴方は自分を縛り付ける、一切の信条や教義から遠ざからねばならない。そうして、霊感のように来るとらわれのない真理を見出すようにせねばならない、人の心は神からの霊感を超えることは出来ないのだから。

〔一七〇〕（文）復活は人間の不死の希望をいよいよ強くするものである。

（注）もっともっと学んでもらいたいものだ。人が生きているのは、内部に神の分身があるからだ。物質だって霊によって存在している。霊が永遠の実体なのだ。霊こそは不壊《え》の、不滅の不死の無限のあるものだ。

人は死んでも焼かれても生きている。それは人間とは霊だからだ。この世でもあの世でも、何をもってしても、貴方のものである不滅の神性を破壊することは出来ない。それはこの世に生まれる者に付与された生命の賜物である。

　彼等は神を、聖なる創造主を、みごとに宇宙を開花させ、これを支え給う力を、卑小なものに限定しようとする……わずか三十三年、地上に生きた一人の人間に。また、彼等は神の賜物は、信条の信奉者にのみあるのだと、限定しようとする。否、否、彼等は宗教という言葉のもつ意味を辱しめるものだ。唯それだけしか知らないとは、イエスはこれを聞いて、痛苦と悲しみで涙を流すであろう。これをもって彼等は今もなお、イエスを磔にするものである。

　皆さんはキリスト教徒であるが故に、地の塩ではない。教会に入っているが故に、地の塩ではない。キリスト教徒という地上のレッテルは、あの世では通用しない。信条を擁護したとてそれは何にもならない。価値あるものは唯一つ――どれだけ地上生活中に、貴方が神性を生活に発揮したか、それだけである。

〔一七二〕(文)十字架による罪の償いは、キリストを仲介者として、人類を神に結び付けようとする神の御業である。以上の確信は、贖罪《しょく》というキリスト教教義にとって、一番大切なことである。
(注)これでは旧態依然たる贖罪論のむし返しではないか。神様は嫉妬深くて怒りっぽいので、最後の独り子の血を流さなければ、腹の虫がおさまらないというのか。どんな人間だって、これほ

ど非情で惨酷ではない。神とはそういうものだということなのか。神が人類と手を結ぶには、流血を伴わねばならないということなのか。神を、イエスの使命を……これは、まあ何と哀れむべき思想か。

かつてイエスが言ったように神とは愛であり慈悲であり優しさである。しかるにその神をなだめるために、イエスの赤い血が流されねばならないのか。人がこの世に生まれたのは、みずから人格を築き魂の進歩をはかるためである。

人がもし利己的な道を選べば、その報いをうけねばならぬ。またもし奉仕の道を選べば、その人格の成長とともに良い報いを受ける。これが法であり、法は不変であり、どんな偉大な師をもってしても、この法を変えることは出来ない。

これ以外はすべて怯懦《きょうだ》と不正の教義である。もし貴方が誤りを犯したら、男らしくその代価を支払いなさい。いやしくも自分の責任を他へ転嫁してはいけない。こちらの霊界では、聖徒即ち利他主義者は、その魂が進歩しているので、利己主義者に比して、高い段階に達している。この外のことがあり得ようか。いま利己主義者が、死んで後、生涯を奉仕に捧げた人と、同じ段階に達しているということがあり得ようか。かくしてなお、貴方は神とその完全な法を嘲笑しようと思われるか。

勿論そんなことはない。人生とは貴方次第でどうにでも変るもの。貴方の住む世界が何であれ、その職業が何であれ、毛並みの良し悪し、階級の上下、肩書きいかん、また皮膚の色、民族、国籍の相違に拘らず、奉仕の機会をもつことに変りはない。もし貴方がその機会を無視するのであれば、貴方はその代価を支払うことになる、誰もそれを遮る者はいない。

最後にイエスの言葉を引用して、この話を結びたい、「人はその蒔いたものを、刈り取らねばならない」

第八章　人間の成長

〔一七二〕　種子は暗い土の中に置かれ、十分な力を養って生命を吹き出す。ちょうどそのように、人もやがて霊的生命を吹き出すために、予め暗い地上に置かれ、人間の経験を重ねて力を蓄える。人の最も嫌がる悲しみ・苦しみ・涙・失望・災い・苦痛、これらも実は魂にとり、極めて価値ある経験である。

〔一七三〕　しかし苦しんでいる時にはその事は分からない。後になって過去を振返ってみると、それが初めて分かる。その場その時その事だけで、人生を判断してはいけない。逆境によって、人格は試練をうけ、涙と悲しみによって、魂は力を得る。

〔一七四〕　私達は人生を見るに、肉の目をもってしない。生命の真実の姿を見通す霊の目をもってする。賢明な人とは、人生のあらゆることを、魂の成長のために生かそうとする人。こういう人はどんな試練にあっても、背中を見せようとはしない。内在の力を働かせて、困苦に直面しようとする。何となれば、人格の成長と強化は、実にこの精神にあるから。

〔一七五〕　法は完全であって、その働きは自動的である。誰一人として、この法を免れることは出来ない。自由意志、これさえも法である。その働きは、見る目をもった人にははっきり分かる。彼等はそれが分かる段階にまで進歩しているから。

〔一七六〕　人の自由意志は、自分が現在達している進歩の器量に応じて発揮できるにすぎない。人の行為もまた自己の器をこえて何事もなすことは出来ない。すべてその魂の進歩の段階によって、限定されているのである。

〔一七七〕　人は神の一部であり、無限の神性が発揮できるようになっている。人はその神性が発揮されるにつれ、高遠な法が分かるようになる。

この法は、他の法と矛盾するものではなく、人の進歩に応じて、初めて感得できるものなのである。

〔一七八〕　人間の可能性に限界はなく無限である。美の極限、音楽の輝き、いずれも際限はない。魂が高く進歩の枠を広げていけば、美と調和の世界は、ますます大きく魂の前に展開される。貴方が向上するにつれ、一層広大な調和の世界が、貴方をそこで待ちうけている。

〔一七九〕　低級な魂には高級なことは分からない。高級な魂には低い段階のこともよく分かる。あらゆるものの調和を支えている法は、自動的に働いていて、人はその魂が成長して、法に触れる域に到達するまでは、法を自家薬籠中のものとすることはできない。

〔一八〇〕　一歩進歩しては、さて次の進歩をどうするか、自ら選択する。だが、その選択は遅らせることもできる。貴方が時々刻々に何を行うか、これは貴方と法との相互作用で決定されるのであって、しかもその相互作用は自動的に行われる。また、どの程度の進歩を選ぶかは、進歩の現時点での本人の意識の反応、それによって決定される。

〔一八一〕　皆さんからシルバー・バーチと呼ばれている私は、霊界の無限の知識のほんの一小部分を代表しているにすぎない。皆さんが成長するにつれて、私よりもっと偉大な霊師達は、私を使ってもっと高級な知識と知恵を皆さんに伝えることができる。

もうこれでおしまい、ということはない。完全はとどまるところを知らない。皆さんは進歩しつつある、そうして私もまた。私より高い所にいる霊達がこう言っている、彼等の背後には、更に高級な霊達があって働いていると。上には上と、そこに終りはない。もし人がその終点に到達するなら、それが創造の終りということになるから。

〔一八二〕　人類は永い年月を要しながら、今日のように肉体を進化させてきた。緩慢な変化、しかし徐々にその程度を高め進化し、土から空へと高まっていった。

徐々にその動物性は振り落とされ神性が顔をのぞかせてきた。どんなに永い年月が、今日の肉体に進化するまでにかかったことだろう。しかもなお進化は終っていない。さて、人類の魂の進化には、はたしてどれ程の年月がかかることか。

〔一八三〕　先頃まで、人類は猿であった。いや、正確に言うと、猿ではなくて、猿の肉体を通じて働いている霊であった。この霊とは神の分身である。

貴方はどこで生をうけようとも、神の息をもっている。これがなければ生命はあり得ないから。しかもこの神の息には段階がある。それは進化・発展、即ち低次のものから高次なものへと進んでいく変化が。

〔一八四〕　しかも一切が神の息である。たとえば地上最低の生命形式も神とつながっており、また過去地上生活を終えた最高の聖者とも結ばれている。それはすべての内部に神が在り給うからだ。従って、地上最悪の人間と至純の魂の人とも兄弟である。互いの内部には、同じ神の息がこめられているから、誰も皆、神の法を超えることはできない。お互いは皆、深い縁で結ばれた間柄だからだ。

〔一八五〕　いろいろな種《しゅ》を含んだ類魂がある。かつて猿であり魚であり鳥であったのは貴方ではない。それは今、貴方の身体を通じて働いているこの類魂である。貴方はその類魂の一部。

〔一八六〕（問）生まれつき跛者《はしゃ》とか盲目とか、自分の罪でもないのに、どうしてこういう子供が生まれるのか。

（答）魂のことは、外側から見ては分からない。魂の進歩の問題と、その道具である肉体の問題とを混同してはいけない。

たしかにいわゆる不具はある。それは両親かまたはそのどちらかからの、遺伝という自然法則に基づくものだが、しかしそのために、魂の進歩に支障をきたすということはない。

生まれつき肉体に欠陥のある人は、一般に魂のどこかに、償わねばならない点があるのであって、この障害を通じて、これらの人達は、以前よりも親切で、寛大温和な性質を獲得するのである。この宇宙には、償いという永遠の原理があるのであって、何ものもこの因果の法を免れるものはない。

〔一八七〕(問) 私達は死ぬと皆、地上経験の試練を耐えた自分の人格で評価されるわけだが、精神病者で自分で責任をとれない人は、どういうことになるのか。

(答) 貴方は物質の事と霊の事を混同している。脳細胞が狂っていれば、地上では混乱をひき起こす。だが魂の方は、かりに機械の狂いのために、地上では自己表現ができなくても、自分の責任はちゃんと心得ている。

神法は、本人の魂の進歩の程度に応じて働く。魂は永遠の英知の物差しで評価され、決して地上の規準ではかられることはない。地上の規準に違反する魂は、地上の物差しでは悪い評価をうけるだろうが、魂にその事の責任をとるだけの資質がなければ、霊界では問題にされることはない。

このことは、いわゆる狂人が人を殺し、自殺をした場合も同様である。機械が故障なのだから、これは非難するわけにいかない。他界における裁きの規準は、常に魂の動機による規準、これである。これによる限り、誤謬というものはない。

〔一八八〕(問) 肉体の故障のために、魂が地上生活の教訓を学べない時は、霊界ではどんな位置を占めますか。

（答）機械が故障だから、魂には経験が記録されない。だから、こういう魂は地上経験を損したことになる。つまり肉体的経験の価値をもたなかったことになる。しかし償いの原理は絶えず働きつづけている。

〔一八九〕（問）地上では、貧民街に生まれて、衣食も道徳も精神も貧しい中で育ち、辛く単調な労働に身を任せねばならない者、あるいは生まれながらに美しい環境に育ち、何不自由のない生涯を送る者とがあります。この不公平は、いったいどのように考えたらよいのですか。

（答）魂はみずからの進歩を正直に記録するもの。地上の者は、いつも物質の面から物事を評価し、魂がどのように反応表現するかという点からは物事を見ない。貧乏に生まれようが金持に生まれようが、魂が自覚をもち自己を発揮するに必要な奉仕の機会は、誰にでも等しくある。これをするかしないか、それだけが評価の規準である。地上の事はすべて、物質の面からのみ評価されるから、どうも不公平を生みやすい。肝心なことは魂の反応、償いである。魂が困苦を通じてどのように自己発揮を学んでいくか、そこに真実の応報がある。

〔一九〇〕（問）だが、なぜ悪人が恵まれた生活を送ったりするのですか。

（答）またしても、貴方は地上の規準でものを判断している。はたして恵まれた生活を送る魂が不幸でないと言い切れるか、その魂に苦悩がないと、煩悶や苦痛がないと、そんなことが貴方に分かるのか。きっと貴方はその者の笑顔を見たり、贅沢な財貨を見たりするから、そう思うのだろう。恵まれた生活と魂の満足、それが両手に花と、そううまくいくだろうか。永遠の規準とは霊的な規準である。もしそうでなければ、この世に正義はないことになるから。

〔一九一〕（問）しかし経済的にも精神的にも劣悪な環境より、恵まれた環境にいる者の方が、確かに良い動機を発動しやすいと思いませんか。

（答）私はそれに賛成できない。というのは、ほとんど常に地上の大人物は貧困の家に生まれている。地上の偉大な師達はすべて、貧困家庭から出ている。魂に闘うべき困難が多ければ多いほど、魂は偉大となる。魂の自己発揮は、実に環境との闘いから得られる。外見からでなく、内面から物事を判断するようにせよ。

〔一九二〕（問）人類は、身体上の進歩と同じように、その霊魂の方も進歩を遂げていますか。

(答)進歩している。しかし同じ歩調というわけにはいかない。というのは、霊が自己を発現するには、その前にまず、肉体上にある程度の進歩が起こることが必要であるから。

〔一九三〕(問) 私達は死後もその気になれば、進歩していくことができます。それと同じく、死後悪い心をもって、低い段階に沈むこともできますか。

(答) 出来る。数百年いや時には数千年も進歩しないで止まっている霊魂が沢山いる。彼等は霊界へ来ても、なお依然として、地上に強い執着を抱いているのである。彼等の生活はただ欲望と貪《むさぼ》りに満ちていて、霊的法則を理解する気持など、さらさらない。霊的なことは、彼等にはまるで蛙の面に水。彼等は依然として地上的、あまりにも地上的。従ってどんどん低い境涯へと沈んでいく。

〔一九四〕(問) 魂があまり低く沈んで、消滅するということはありませんか。

(答) そんなことはない。ただ内在の神性の火が小さくなり、点滅するところまでは沈む。しかしその灯が消えてしまうことはない。霊と神とを結ぶ絆は永遠に練られ鍛えられていくものであるから、どんな魂でも、二度と立ち上がれないほど低く沈むことはない。またどんな魂も、最低の魂を助けに行けないほど、高く上がってしまうこともない。

〔一九五〕（問）魂がさまざまの境涯を上って行き、遂に神と融合してその個性を失い、またそれがいくつかに分かれてしまうということがありますか。

（答）私は寡聞《かぶん》にして、まだ神と融合するほど完全に到達したものを知らない。人が完全に達すれば、更に前途にもっと大きな完全が見えてくる。人はますます大きく、その意識が開顕されていくもの。人の意識は無限。無限へ向って際限もなく伸びていくもの、何となれば、意識とは神の部分であるから。私は、究極の完全についてはまだ何も知らない。

〔一九六〕（問）個々の魂が向上すると、類魂の中に次第に融合していって、自分の個性を失ってしまうということは、事実ではありませんか。

（答）私の知っている限りで、そういうことはない。もしあるとすれば、次のようなことはある。いまある仕事を遂行するために、志を同じくする霊達がお互いの知識と資料を集め、一人の霊が他の霊に代って代表者となっている場合。これが行われている間中は、各人は個性を隠して一つになっている。しかしこれも、唯その時だけ、一時的なものだ。

〔一九七〕（問）家畜以外の低級な動物で、死後も生き続けているということについて、何か御存知ですか。

（答）知っている。丁度犬や猫のように、私達が地上生活中なじんでいた動物達が沢山いる。これらの動物は、個性発揮を学んだ所で、即ち私達の所へ死後も来て、生き続けている。しかしこの死後個性存続は永久のものではない。ほんのしばらくの間のことで、動物はやがて種族の本源である群魂の中へ融合していく。神の子であるものは誰でも、神の力をもっているから、死後存続の力を、未発達な動物達の上に伝えることが出来る。人が動物に示す愛、これによって、まだそこまで進歩していない動物達の自己を芽生えさせ、進歩をすすめることが可能なのである。

〔一九八〕（問）動物はそれぞれに応報をうけますか。

（答）いや、個々にではなく、群魂としてうける。この苦しみによって、群魂は進歩していくのである。

〔一九九〕（問）貴方は地震を、地球進化の現象と言われますが、そのために罪もない人が沢山死んでしまいます。こんなことが正しいと言えましょうか。

（答）貴方が死と呼ぶものが、私の目には、大きな不幸とは映らない。これは魂が自由となる偉大な瞬間である。

〔三〇〇〕（問）他の天体で、私達より進歩していたり、またそれ程でもないが、とにかく人間が住んでいる天体がありますか。

（答）ある。地球の人類より進歩した人類が住んでいる天体が沢山ある。この地球は、広大な宇宙の中、数ある遊星のほんの一つにすぎない。

〔三〇一〕（問）これは重大だと思う仕事をやろうとすると、いろいろ障害が出て、どうもうまくいかないことが多いが、それはなぜですか。

（答）価値の高い仕事ほど困難は大きいものだ。その間に困難や障害は山のようにあり、道は決して容易なものではない。実はそういう困難こそが人格形成の糧《かて》となるので、困難に直面した時、魂がはたして成長するかどうかが決定される。もし苦労もなしに内在の神性が発揮できるものなら、神性の価値は低いものとなってしまう。

絶望してはいけない。内在の力を使いさえすれば、どんな障害も困難も、征服できないものは一つもない。かりに他人がどんなに貴方の邪魔をしても、内在の力を奮いたたせ、主となさしめれば、すべて氷解してしまうのである。どうも人は、地上生活中に、内在の力をほんの少ししか使っていないということを理解していない。

〔三〇二〕（問）沢山の赤ん坊が、生まれるとすぐ、殺されたり死んだりしますが、こういう赤ん坊の地上の生活には、どんな価値があるのですか。

（答）永遠の原理を、物質的側面から判断しようとするから、人間には本当のことが少しも分からない。地上で賢いと言われる人は、きまって地上の常識でものを見る。しかしこういう人もやがて進歩して霊的知識の光がとどくようになると、初めて、今まで目に入らなかった神の計画が見えるようになる。今のところ、彼等は曇りガラスを通してものを見ている。だから、本当のものが見える道理がない。

いま貴方がたが味わっている生活より、もっと素晴らしい生活がある。美の世界、色の世界、愛の世界、勤労の世界、真摯な欲求が表現を見いだす世界、あらゆる創造的衝動が自らを表現し得る世界、地上では実現できないあらゆるものが実現される世界。人がこの世界を目にするまで、いやしくも神を批判することはできない。

〔二〇三〕（問）貴方がいつも相談をしている高級霊達は、時には地上に来ているのですか。

（答）いや、あの霊達は一本の鎖の環の働きをしておられる。この霊媒は私と皆さんとの間の環であり、私は私の上にある霊と皆さんとの間の環であり、高級霊達は私と更に彼等の上にある霊との間の環である。このようにして、この鎖は私の目路のかぎりを超えて、はるか霊的世界の深奥にまで伸びている。

第九章　他界の生活

〔三〇四〕　肉体にあるうちは、霊界の美しさは分からない。かの世界の光・色・風景・木・鳥・川・山・花、その美しさを皆さんはまだ知らない。だから死を恐れる。

〔三〇五〕　死が恐ろしい顔で人の心を脅かす。だが死んで初めて人は真に生き始めるのだ。いま貴方は生きている、しかし本当は死んでいると言っても過言ではない。然り、多くの人は、霊的事物に対しては、死者も同然だ。か細い生命力が、弱々しい肉体の中で、明滅している。だが霊的なことには、何の反応も示さないのだ。だが地上では、徐々に霊力が力を増していく。そうして暗黒が次第に後退していく。

〔三〇六〕　霊界を地上と比べれば、その差は筆舌に尽くしがたいものがある。いわゆる死者である私達は、皆さんと比べれば、生命について遙かに多くのことを知っている。

〔三〇七〕　ここに来て、芸術家の夢は現実となる。画家と詩人の夢想が現実となって現われる。天才は自在の表現力が発揮できる。地上の束縛は消滅し、天賦の才と持ち味が、互いに助け合いつつ遺憾なく発揮される。

ここでは、気持を表現するのに、言葉などという不便なものはいらない。思想、これが生きた言葉であって、電光石火の速さでそれは伝わる。

〔三〇八〕　ここには、私達を悩ませるお金などはない。争いもなければ、弱い者いじめもない。ここで強者とは、自分より不幸な者へ、何か与えてやれるものを持っている者のことである。

ここには失業がない。貧民街もない。どんな利己主義も存在しない。ここには派閥というものは一切なく、私達は唯一つの宗教をもっているだけだ。私達には一冊の教典もない。唯神法の働きがあるだけで、それが私達を導いている。

〔三〇九〕　死ぬことは悲しいことではない。地上で生きること、それこそ悲劇である。

利己主義と強欲と貪欲の雑草が生い茂り、まさに息絶えそうな神の国を見ること、それこそ悲劇である。

〔三一〇〕　地上には、霊界の輝きの一片だに、絵に描き得た画家は一人もいない。また音をもって、この輝きを少しでも奏で得た音楽家は、一人もいない。更には言葉をもって、その美のかけらすら、表現し得た作家は一人もいない。

〔三一一〕　今は五月、地上も今は美しい季節、あたり一面、神の御業が世を飾っている。しかしいま皆さんが見ているものは、霊界の美のほんの影法師にすぎない。ここには、皆さんが夢想だにできない、美しい花や木や鳥や山や小川がある。いつの日か、皆さんもこの美しさを味わう時が来よう。

そう、皆さんは幽霊になるわけだが、しかし、それこそまさに、皆さんの真実の存在であるのだ。

〔三一二〕　皆さんは霊界に来ているのだが、そのことを少しも覚えていない。毎晩のように、皆さんはこちらの世界を訪問している。これは将来の準備のためだ。こうしておかなければ、死後霊界生活を始めるに当って、大きなショックをうけるだろう。さて、皆さんは死後こちらの世界へ来ると、初めて生前訪問の記憶を思い出す。

〔三一三〕（問）死後、低い境涯に行く霊魂の状況はどうでしょう。彼等は睡眠中の訪問――恐らくは低い世界――を思い出しますか。またその記憶のおかげで、自分の状況が良くなることがありますか。

（答）低い世界へ堕ちる霊魂は、生前睡眠中に行った世界へ行くのである。だが、その記憶があっても、自分の今の実状を理解するのには役に立たない。というのは、彼等の置かれたその世界は、大変現世の姿に似ているからである。他界は低い世界ほど、その外観が現世に似ている。それは波長が鈍重だからだ。高い世界に行くほど、その波長は漸次精妙となる。

〔二一四〕（問）私達は目が覚めてから、睡眠中の他界訪問を思い出すことがありますか。

（答）皆さんの霊が肉体から離脱している時は、脳という現世的束縛から自由になっているわけだ。本人の進歩の程度にもよるが、そういう場合は、本人の意識は他界の波長で経験を重ねながら、その意識をちゃんと持っている。ただしいったん霊が肉体に戻り、睡眠中の霊の経験を記憶に呼び戻そうとすると、これはうまくいかない。つまり脳と霊とでは、器の大きさが違うからだ。小さな脳は大きな霊の経験をうけいれることが出来ず、記憶を歪めてしまう。

これは丁度、小さな袋の中に、多くの物を押し込もうとしているようなものだ。袋にはほんの少ししか入らない。だから皆さんはこれを押し込もうとする、すると物は姿形がまるで違ったものになってしまう。眠りから覚める時の状態は上記のようだ。

しかしながら、本人の魂が向上していて、意識の程度も進んでいれば、霊界のことが分かっている。だからこの場合は、脳を訓練すれば、容易に記憶を残しておくことができる。

私は皆さんと話をしたり、あちこち霊界の案内をしてあげた。そして「現界へ帰っても、忘れてはいけないよ」と言ってあげるのだが、皆さんはそんなことは、すっかり忘れてしまっている。

〔三一五〕（問）睡眠中の他界訪問は、それはそれなりに積極的な意味があるのですか。それとも、それは単に死後の生活の準備にすぎないのですか。

（答）睡眠中に手助けをしてあげられる人々が沢山いる。だから皆さんの中にも、こういう仕事を睡眠中にやっている人達もいる。だが一般的には、これは準備のためである。皆さんはいろいろな場所へ連れて行かれる。それは死後の準備として役立つからだ。もしこうしておかなければ、現界から他界と、全く事情の違った世界へ入って来た時、ショックが大きすぎて、永い間それから立ち直れなくなるから。

予備知識のある者は、他界へ入るのも容易、これがなければ、なれるまで長期にわたり、眠って休まねばならない。これは丁度、戸を開けて戸外の陽光の中へ出るようなもので、それには光になれる必要があるということだ。

この世でもあの世でも何ものも失われることはない。人の心から放たれる奉仕への念・行為・欲求、その一つ一つは必ずどこかで誰かの役に立つ。もし貴方がその念をもてば、必ず貴方の傍に、貴方を助ける者達が近づいて来る。

〔二一六〕（問）もし、ある人が死後のことを何も知らずに死んだ場合、その人は私達の思念に反応を示したり、その意味を理解したりしますか。

（答）死後の目覚めは、自分の死の自覚から始まる。だから、死後についての知識をもっていれば、それだけ早く目覚めが来る。死についての無知・誤解・迷信や歪められた教義・神学、これらは何としても打開せねばならない。これらは死後の生活にとり何の役にも立たない。またこういう誤解を解くには、魂は永い時間かけて、まずもって新世界になれる必要がある。だからこういう魂は、長期間にわたり休憩の状態に入る。

地上には、病者や怪我人のために病院がある。そのように私達も、傷ついたり弱った魂のために世話をしてやらねばならない。しかし地上で大きな奉仕や愛に身を捧げた人は、死とともにその人への善意や愛情や祈りが、霊界にまで伴い入って来て、その波長が本人を助けるので、魂の目覚めは早められる。

〔二一七〕（問）霊魂不滅を認めないで、死がすべての終りと信じている人が死んだ場合、どうなりますか。

（答）彼とても死によって一切が終るわけではない。またその思想は大自然の事実と反しているのだから、いつか目を覚ました時、死の事実と直面せねばならない。

さて、その目覚めにどれくらいの時間がかかるか、これは、本人の魂の進歩の程度いかんによる。
〔三一八〕（問）上記のような人の死には、困難が伴いますか。
（答）それは本人の魂の進歩いかんによる。概して現世から他界への移行には困難はない。一般的には死につつある人に意識はなく、無意識のうちに他界へ移行する。この移行を意識にとどめる者は進歩した魂のみである。
〔三一九〕（問）もしその人が善人であって、しかも死後の生存を信じていないとすれば、そのことのために何か苦しみをうけることがありますか。
（答）善とか悪とか、私にはその言葉の意味は分からない。しかし質問の件については、本人の送った生活いかん、即ち本人が尽くした他への奉仕いかん、内在の神性の発揮にどれほど機会を生かしたか、唯これだけが問題である。勿論、死後存続については、知らないより知っている方がよろしい。だが何といっても一番の眼目は、毎日どんな生活を送ったか、これである。

〔三二〇〕(問) 愛し合っている二人は霊界に入ってから、再び一緒になりますか。また若返りますか。イエスはあの世には結婚はないと言っていますが。

(答) 男と女が互いに愛し合い、その愛は一身同体のようであり、現界に在りながら同じ霊界に住んでいるような二人なら、死によっても二人は離れることはない。かえって死によって魂は自由となり、物質界にいた時よりも、更に緊密に一つとなるのである。

しかし二人の結び付きが、魂のそれでなく、肉体だけの結婚で、霊的には別の世界に住んでいたものなら、死によって二人は離ればなれとなり、それぞれ固有の霊的世界へ入って行くのである。

イエスがあの世には婚姻はないと言ったのは、肉体の結婚をさして言ったので、魂の結婚のことではなかった。男があり女がある、これはお互いがお互いに役立つからである。女は男に、男は女に必要である。神は、男女二つの原理をもって、完全なものとなし給うた。人が霊界で進歩するに従い、両者の相違はだんだんなくなっていく。

〔三二一〕(問) 他界で罪を犯すことがありますか。他界では、一般にどんなことを罪というのですか。

〔答〕勿論、罪を犯すことはある。霊界での罪とは、利己主義の罪である。唯地上と違うところは、その罪がすぐ露見するということだ。心に罪をいだけばその途端にそれがばれてしまい、その結果がたちまち現われること、地上世界とは比較にならない。罪の結果は本人に記され、そのため本人は霊的に低下する。

〔三二二〕〔問〕肉体を離脱して後、人が霊の世界でまとう媒体は、肉体ほどに固く、かつ真実なものですか。

〔答〕肉体よりはるかに真実で堅固である。地上とはいささかも実体をもった世界ではない、それは霊界の投影にすぎない。霊界こそは本当の世界、だが霊界に入ってみなければ、このことは理解できないだろう。

〔三二三〕〔問〕物質界が私達の目に映るように、霊的な目には、霊界は自然であり、かつ物体のように見えるのですか。

〔答〕それははるかに実体をもったものに見える。皆さんは、現在いわば囚人である。貴方の周囲には、肉体という壁がそびえ立ち、貴方を閉じ込めている。だから、貴方は本当の自分というものは、ほんのわずかしか発揮していないのだ。

〔三二四〕（問）霊界では、心と心で意思を通じ合うのですか。それとも言葉を使うのですか。

（答）言葉を使わずに話が出来るようになるまでは、言葉を使う。

〔三二五〕（問）死の時、息が実際に止まった時、どんな事が起こるのですか。

（答）もし魂の意識がはっきりしていれば、幽体が次第に脱け出ていくのが見える。次いで、ふと自分が霊の世界にいることに気付く。そこで、彼は自分を迎えに来てくれた霊達の存在に気付く。これは新生活を始めるに当って、なかなか役立つことなのである。もし死の時、魂が意識を失っていれば、助けられながら死の関門を通過し、必要な所へ——それは病院であったり、憩いの家であったり——連れて行かれ、そこで、新生活を自覚するための準備をうけるのである。

〔三二六〕（問）私達が死んで霊の世界に入ると、故人となった親戚の者達に会うのですか。

（答）もしお互いに愛情があれば会うし、なければ会うことはない。

〔三二七〕（問）貴方たち霊魂が住んでいる霊界の境域は、地球とか太陽とか遊星とかを、とり囲んでいるのですか。

(答) いや、そういうものではない。霊界の境域とは、ここそことかの、場所的な境界をもつものではない。また、球体とか星とかという形をとって在るものではない。それは広大な宇宙の部分、しかもあらゆる世界のあらゆる生命と、まじり合い浸透し合ったものである。皆さんはこれらの霊的世界のいくつかを知っている。しかしまだ知らない世界がいろいろある。何となれば、宇宙にはまだ皆さんには分かっていない生命が生存する星が、沢山あるからである。

〔三二八〕(問) 霊魂の移動する速さには、制約がありますか。

(答) 私達霊魂の移動には、時間と空間の制約はない。霊界に生きている者にとって、限界というものは何一つない。私達は地上世界のどこへでも、思念と同じ速さで移動できる。しかもそれは思念の移動でなく、実体そのものの移動なのだ。唯、霊的進歩の段階に応じた制約というものはある。つまり、その段階を超えて上へ行くことはできない。つまり、自分の人格の占める位置より、上の霊界へ行くことはできない。制約といえばこれであるが、しかしこの制約も、霊魂の霊的生活上の制約ということである。

〔三二九〕（問）生物が住んでいる星には、地球の霊界とは別の霊界があるのですか。

（答）皆さんのいわゆる霊界とは、あらゆる星のあらゆる生命を包含する、宇宙の霊的な表現にすぎない。

〔三三〇〕（問）では、霊界とは唯一つのものがあるだけですか。

（答）そうだ。しかしその一つの霊界が無数の霊界となって現われている。地球の物質界と同じように、地球以外の星も、それぞれ霊界で囲まれている。つまり、これらの星も、物質的表現だけでなく、霊的な表現をもつものであるから。

〔三三一〕（問）それら霊界の間には、いわば地理的な境界がありますか。

（答）地理的なものはない。だが、精神的な範囲という意味では境界がある。しかもその境域はある程度まで、その星の物質界の影響を示すものである。

（問）その境界とは、いわゆる天体と天体との間の境界のようなものですか。

（答）そうだ、地上生活の影響を超えて霊が進歩するまでは、当分の間、霊界にもそういう境界があるというわけだ。

〔三三二〕（問）死刑執行人は他界に入って、どんな裁きを受けますか。

（答）もし、本人がこれはいけないことだと知っていれば、知っているが故の罪に対する罰を受けねばならない。またこれを知らなければ、罰をうけることはない。

〔三三三〕（問）肉食に対する罰を死後うけますか。

（答）もし皆さんの魂が進歩していれば、また、もし皆さんが、神の被造物の弱いものを食べることは、間違いだということを知っていれば、いけないと知りつつ犯した罰を受けることになる。もし魂が未発達ならば、肉食を誤りと気付かないから罰はない。常に、知っていることに対しては、代価を支払わねばならない。その代価とは責任である。

第十章　霊界通信の問題

〔二三四〕　私の霊界通信は、霊媒の語彙《い》と霊媒の魂の進歩の程度、この二つの制約をうける。私が通信を送る場合、霊媒の語彙が貧弱だったり、魂が進歩していないと、どうしても思うような通信が送れない。つまり、通信したいと思う内容をうけ入れてくれないわけだ。だから霊媒の魂が進歩していくと、今まで通信できなかったことが通信可能となっていく。

　私は言葉を送るのでなく、思想を送る。つまり、私は霊媒の脳のどこにどんな言葉があるかを、今日ではよく知っているからである。そこで、私は予め準備しておいた思想を、すっかり通信することができる。

〔二三五〕　この霊媒を使い始めた最初の頃は、いろいろ困った事があった。たとえば、霊媒の脳からある言葉を取り出そうとすると、それと関連のある別の言葉までとび出してくるのである。そこで私は神経中枢、特に脳中枢の統御法を勉強し、正しい言葉だけが使えるようにしなければならなかった。といっても、完全に不要な言葉が除去できるというわけではない。何となれば、霊媒を通じると、ある程度霊媒の用語の色合いが、私の思想に加わることがあるからである。しかしながら、そのため私の通信したいと思う本旨が変ってしまうということはない。

〔二三六〕　人間の肉体は大変複雑なもので、これは実際他人の肉体を、霊媒として使った者でないと分からない。心臓を鼓動させ、血液を流動させ、肺臓を収縮させたり膨張させたり、すべての神経中枢には絶えず正常な刺激を与えておくようにせねばならぬ。また霊媒の潜在意識の流れを断ち切り、自分の思想を絶えず流しておくようにせねばならぬ。これはとても容易なことではない。いわばこれは、赤ん坊が一歩一歩と歩く勉強をするのと同じ事で、霊媒使用も初めはこうして一歩一歩学んでいく。現在では、私はこれが自動的に行えるようになっている。

〔二三七〕　また通信を送るためには、霊媒の潜在意識に、通信の道を作らねばならない。そのため私達は永年にわたり、私達の思想や考え方や用語を注入するのである。

もし、霊媒の潜在意識の中にある思想を使いたければ、潜在意識中の既知の道の方へ押しやってやればよい。これはレコードをかけるのと同じことで、溝に針を置けば、あとは自動的に動くというわけだ。しかしそれと違って独自の通信を送るとなると、予め新しい溝を作っておかねばならぬわけだ。

〔二三八〕　私がこの部屋に入る時は、壁を突き抜けて入る。私の波長からすると、壁は物質と感じないからだ。だが、私が霊媒のオーラの中に入ると、固い壁の中に入った感じとなる。それはオーラに私の波長を合わせるからだ。今の私には、霊媒のオーラは牢獄であり、霊媒の肉体の五感によって制約をうけている。

私は波長をおとさねばならないし、霊媒の波長は上げねばならない。この操作を習得するのに、私は十五年を要した。

霊媒のオーラの中にいる時は、暗闇の中で物を見ることができない、それは霊媒の肉体の制約をうけているからだ。私は、霊媒が子供の時代に学ぶべきことは何でも学んでおかねばならなかった。唯、霊媒の足を使うことはないのだから、足の勉強の必要はなかった。唯、霊媒の脳と手の使い方を知ろうと勉強した。

〔二三九〕　私が霊媒に憑りながら、同時に他の霊からの通信を代弁する場合、霊媒の耳で聞いているのでなく、私の耳で聞いている。私にもオーラはある。これは霊媒のオーラのように鈍重なものではない。さて、私が霊媒のオーラの中に入っているとき、別の霊魂が来て私のオーラに彼の思想を注入している。これは皆さんが電話をかけながら、他方では傍にいる別人と会話をしているのと同じ事だ。これは二つの異なった波長を使っているわけだ。皆さんはこれを同時にはやれないが、交互にならこれがやれる。

〔二四〇〕　物質界とは鈍重で緩慢な世界。霊界通信に当っても、霊の方で精妙高級の波長を無理に下げていくと、途中で霊感が滅失してしまったりする。霊界を光の世界とすれば、地上は暗黒陰湿の世界である。

〔二四一〕　皆さんは、光まばゆい太陽の本当の姿を見たことはない。皆さんが見ている太陽は、色あせた太陽のイミテーションにすぎない。丁度月が太陽の影を反射しているように、地上の太陽も、霊界の太陽の色あせた反映にすぎない。

〔二四二〕　私は地上に来れば、籠に入れられた小鳥のようなもの、ここを去る時はあたかも無限の空を喜々として飛んで行く鳥である。死とは、鳥籠の戸を開くこと、捕われの身の鳥が空へ放されることである。

〔二四三〕　皆さんが私に通信を求める時、私は、皆さん宛の通信を私に伝えてくれる波長に、自分を任せる。すると通信が私に伝えられてくるのだ。調子がよい時は、やすやすと必要な通信がすべて得られる。もし何か悪条件、たとえば交霊会場付近に邪魔が入ったりすると、急いで通信を別の通信に切り替えなければならない。つまり別の波長での通信を始めるわけだ。

〔三四四〕　ある霊からの個人的な通信を取次ぐ場合、聞きながらその言葉を繰返しつつ伝える。これは私が霊媒を通じて話すのと同じ波長で、相手の話を聞けるからだ。しかし高級な教訓を取次ぐ時は、波長が違う。それは別の意識が使用されるからだ。この場合、私は絵や幻や符号や直感で印象を受信せねばならない。それは丁度、霊媒が私達からの通信を印象させられる方法と同じだ。この時は、私は皆さんがシルバー・バーチとして知っている波長より、更に高級な波長を発揮せねばならない。

　画家が霊感をうけると、平常とは違った波長と感応している。この状態の時、彼は一つの力の虜となっており、これあればこそ、画布に映像を写しとることができるのである。だがこの霊感がひとたび去ると、もはやその力はなくなってしまう。私が霊的法則の真理を通信しようとする時は、高級霊と感応できるような意識を、自分の中に発揮せねばならなくなる。これによって初めて、高級霊は私に感応し、私はその伝達係となることができる。

〔二四五〕(問) 通信霊は、霊媒の身体の中に入って話をするのですか。
(答) 必ずしもそうではない。たいていの場合は霊媒のオーラを通じて霊媒を動かしている。

(問) 通信霊は、霊媒の発声器官を利用するのですか。

(答) 時にはそうすることもある。今の私は、霊媒の発声器官を使って話をしている。またしようと思えば、自分の発声器官を臨時に作って、話すこともできるが、これは力の無駄使いというものだ。まず私は霊媒の潜在意識を支配する。これで霊媒の肉体器官の一切が、私の思いのままとなる。この場合、霊媒の意志は横へ退いてもらう――これは本人の承認のもとでそうする――こうして暫時、私は霊媒の肉体の主人となるわけだ。通信が終ると、私は霊媒のオーラから退く、すると霊媒の意識は元に返る。

(問) 霊媒の幽体も、肉体の外へ出してしまわねばならないのですか。

(答) そうすることがしばしばある。だがこの時も、幽体は常に、肉体とのつながりを保っている。
〔二四六〕(問) 交霊会を開く前には、現象の邪魔になる霊魂を除去するように、準備をしなければならないのですか。
(答) その通り、一番よい準備とは、皆さんが心に愛をもつことだ。これがあれば、皆さんの周りには、愛に満ちたものだけが集まって来る。

〔三四七〕（問）交霊会にあたって、霊界では何か注意をしますか。

（答）まず道を清め、霊界のサークルと地上の皆さんのサークルとの間の調和に努め、よく一切の要素を混ぜ合わせて、最良の結果を生むようにする。私達はこの目的に向かって高度な組織的な団体として働く。

〔三四八〕（問）霊魂と感応しやすくなるには、どうしたらよろしいか。

（答）私達はあらゆる努力を払って、皆さんに近づこうとしている。だが近づけるかどうかは一に皆さんのもっている雰囲気いかん、皆さんの魂の進歩成長いかんにかかっている。霊的なことに何の関心もない人には、私共としては、どうにも近付く手がかりがない。魂が生き生きとして、知覚と理解に溢れていれば、必ず私達はこれに近づいて交わりを深め、自他一体となることができる。

私達が近づける人物とは、必ずしも神霊主義者と限ったわけではない。霊的事物に知識と理解がある限り、神霊主義者であるかどうかは問うところでない。どうか感受性に富み、心にゆとりのある人物となって貰いたい。

こういう人に私共はどんどん近づいて行くのである。心に恐れや悩みや悲しみを抱いてはいけない。こういう人には、私達の方で近づこうとしても、何ともできない壁ができてしまうのである。

〔三四九〕（問）私達が親しい死者に念を送れば、先方に届きますか。

（答）これは両者の魂の進歩の程度いかんで違ってくるから、簡単には答えられない。つまり、死者の魂の程度が地上の本人と同程度なら、その念は届く。だが、両者の魂の程度が相当ちがっていれば、その念は届かない。

〔三五〇〕（問）私達が死者についてあまり考えすぎると、死者の進歩の妨げとなりますか。

（答）地上の皆さんには、霊界の私達の進歩を妨げるような力はない。私達霊魂の進歩は、ひとえに自らの行為いかんによって定まるのであって、皆さんによってではない。

〔三五一〕（問）どうしたら霊能者となれますか。

（答）神に仕えようと志す者は、誰でも神の霊媒である。どうしたら魂が進歩するのか、もう一度説けと言われるか。何度も話した通りだ。自分のように人を愛しなさい。奉仕をしなさい。進歩向上を心がけなさい。内在の霊性を発揮させることなら何でもやりなさい。これこそ最高の霊能発揮というべきである。どうしたら霊視者となるか、そんなことはどうでもよい。唯どうしたら魂の目を開くことができるか、神の光が貴方にとどくか、これだけをお伝えしておこう。霊媒への道もまたこれと同じである。

〔三五二〕（問）世俗をはなれ、孤独の中で瞑想する神秘主義によって、善いものが得られると、貴方も信じておられますか。

（答）それは「善いもの」の内容いかんによる。勿論、俗塵を離れれば、霊力を開発するには具合はよろしいだろう。善いものとはこの点までだ。だが私からすれば、世俗を離れるより、むしろ世俗の中にありつつ、刻苦奮励して、内在の珠を磨き、この天賦の力をもって世のため人のために奉仕することの方が、はるかに立派なことである。

〔三五三〕　私達霊界人は、一人で事を行うということはない。協力が法則であるからだ。私達はその仕事に必要なすべての個性の人々を集めて、これをうって一丸として、できるだけ完璧な一団を形成する。

そしてその中の一人が全体の伝達係となる。私はそういう伝達係なのだ。仕事の成果とは、集団の団結の成果である。仕事がうまくいくというのは、個々人が全体によくとけこんでいるということである。

指導者が賢明なら、各成員にそれぞれ最も適した仕事を割り当てる。これでこそ最高の結果が得られるというものだ。これはあたかもオーケストラのようなもので、各人それぞれの楽器を奏しながら、全体が一つの調和のもとに演奏すればこそ、完璧な結び付きといえる。かりにその中の最小の一人でもが音を誤れば、他がすべて秀れた奏者であっても、不調和を生み出す。協力は法則である。

〔三五四〕（問）心霊現象の場合、列席者の心霊力が利用されますか。室内の器物も利用されるのですか。

（答）その通り。敷物・カーテン・書物・家具、何でも利用する。私達霊魂には肉体がないから、他の物質を使わねばならない。そこで、現にそこにある物質から、ある程度物質の原料を獲得することになる。私達は物質を破壊しないように、いろいろな物から少量ずつ獲得する。もし大量に取ると、皆さんの目の前で、家具はバラバラに壊れてしまう。

〔三五五〕（問）物質化現象をやる実験室のカーテンのいたみが早いことがあるが、それはそういうわけですか。

（答）その通り。だが私達は慎重にやっている。物質化に必要な色を、物体から取りだすこともあるが、皆さんが私達の仕事をよく知るようになれば、そこには一分の無駄もないことが分かって貰えよう。だが何といっても、最大の力は皆さん各人の内部から出る力である。これこそ最大の原料である。

霊媒は交霊の力だけでなく、自己の霊魂のもつ力をも発揮せねばならない。霊媒の霊魂の力が高ければ、エクトプラズムの性質も高まるということを知ってもらいたい。私達は石ころや棒切れを取り扱っているのではない。霊媒内部の生命のエッセンス、これを取り扱っているのだ。だから、霊媒のもっている思想や人格や心理は、エクトプラズムの中にこもる。

〔三五六〕交霊会で、現象の生起を求めて待っている時間、それは決して無駄ではない。皆さんと私達との結び付きは強められ、皆さんの魂の力がどんどん集められている。

〔三五七〕皆さんの魂が目を開き、波長がだんだん高級になるにつれ、皆さんは更に高い偉大な霊力に結び付いていくことになる。その霊力は目に見えず耳に聞こえなくとも、霊的な永遠の実在である。皆さんは日ごと影を追い幻を求め、その場かぎりのものに目を奪われて暮している。だが沈黙の中で、調和や愛の中で、皆さんの魂は絶えず進歩していくのである。その進歩は遅くても、狂いはなく確実である。

〔三五八〕　皆さんの内在の神は開顕し、もっともっと神性を発揮できるようになる。それは、今皆さんがここに一か所に集まり、心が一つにとけ合っているからだ。かつてイエスも言ったように、人が二人でも三人でも、心を一つに集まれば、必ず神がそこに在って祝福を送り給うと。私達も同じ事を教えるのだが、人はこれをきいてくれない。

〔三五九〕　真理は不変である。人の心は変るが、真理は変るものではない。それは真理が知識に基づき、知識は神から来るものであるから。神こそはあらゆる霊感の源泉、中心である。このことははなはだやさしいこと、簡単な道理だが、地上の者は、これを難解なものにしてしまった。

〔三六〇〕　皆さんは神に心を一つに向けながら、ここへ来て坐っている。そのことは一瞬たりとも無駄になってはいない。愛と調和の気持をもってここに集まれば、そこには必ず力が生じ、その力によってこの世界からあの世界へと、橋が架けられる。この橋を通り、霊界から多数の霊が地上へやって来る。そして地上に、新しい光と新しい力と希望とを、もたらそうとするのである。どうかこの事実を忘れないように。

我々がこうやって談笑している間にも、実はその背後には、大きな目的が存在しているのである。その目的とは、この地上に、皆さん一人一人を通じて、神法をいよいよ発揮させようということである。この目的に向かい、皆さんはいずれも身を捧げてきた。この共通の目的をいよいよ強く、神を更に強くうけ入れようとするにつれ、皆さんは神の力を、地上へ更に更に多くもたらすことになるのである。

〔三六二〕（問）交霊会でニコニコしていることは良い結果を生みますか。

（答）皆さんの魂に喜びが満ちていれば、それだけ皆さんは神に近づいていることになる。人は神。地上で、この貴方を犯すものは何もない。このことを思い出しなさい。私が永年かかって、皆さんに教えたいと思ったのはこのことである。もし皆さんが物質に心を煩わしているなら、皆さんは、この教えを学ばなかった者というべきである。

とは言っても、私は決して物質を無視せよと言っているのではない。人は物質の世界にあって自己を発揮し、またしかるが故に、人はこの物質世界に責任を負う者であるから。しかし、決して、人が神であり、神が人であることを忘れてはいけない。神のものである力、即ち貴方の中にある力、この力あればこそ、貴方はいかなる物質にもまさって、それらに犯されるものではない。

これがまさしく、一切の悪を退け、病気を克服して、あらゆる障害と闘うことのできる力である。しかしこの力を用いる者の数は極めて少ない。昔イエスもそのことをこう教えている、「天国は汝等の内に在り」と。

〔三六二〕（問）お話によると、人は自分の器に応じて、霊的な知識をうけ入れるということですが、とすると、未完成な人が霊媒を通じて霊魂不滅の証拠を求めることは、賢明な事と言えますか。

（答）証拠はいくら集めても、魂の進歩とはならない。人の受容能力とは、どれだけその人が霊的世界へ入りこんでいるか、どれだけ霊的世界の真理を理解するだけの魂の進歩をもたらしているか、そういうことである。このことを証拠の収集と混同してはいけない。この両者の間には、何の関係もない。世の中には、死後生存の証拠をもっていながら、しかも魂は一向に、霊的なものに触れていない人々がある。

第十一章　睡眠中の出来事

〔三六三〕　地上世界では、大きな意識の中で起こった体験を、小さな意識の中に記憶しておくことは大変困難である。人は死によって、初めて生きることを始めるのである。

〔三六四〕　人は睡眠中に霊魂界へ行く。これは未来の生活に霊魂をならしておこうとの、神の定められた摂理である。こうしておけば、いよいよ死が来てもショックを受けることなく、霊魂が他界へ行ってから、隠れていた記憶がよみがえりつつ、新しい環境に次第になれていくのである。これはあたかも、人が幼時に心をはせれば、おのずからその記憶がよみがえってくるのに等しい。

人は魂の進歩の度合に応じて、行くことのできる段階が違ってくる。睡眠中の人はすべて霊魂のままで動き回るが、行動範囲に限界のある人もある。中には、睡眠中に霊界の暗黒界へ行く人もある。これは本人の魂の程度がつり合っているからそこへ行くこともあるし、また自ら進んで、奉仕に役立つために出かける場合もある。

他界の霊魂の中には、地上人の幽体が傍に来ることによって、助けられる者が沢山いる。バイブルにも、イエスがいわゆる地獄へ降って行くくだりがある。イエスは睡眠中に行ったわけではないが、原理は同じである。

睡眠中の経験を記憶しておくように訓練することは可能だ。しかしこれは意識を訓練して、脳細胞に記憶させるようにするわけだから、集中的な努力が必要である。これは人により難易の差がある。つまり肉体と幽体との連絡が緊密であるかどうかが問題であって、容易に記憶できる人は、立派な心理的霊媒の素質があるといえる。

〔三六五〕（問）夢とは何ですか。夢には、一向に霊魂旅行の記憶とはうけとれないものがありますが。

（答）夢にはいろいろある。その一つは肉体的な現象であって、脳が眠って暫時、静かになると一種の反射運動を起こす、これが夢である。また夢には食べた食物によって起こるものもある。しかしこの外に霊魂界での経験が夢となるものもある。唯これは断片的にしか、人の記憶には残らない。夢はしばしば歪められてしまうことが多いが、その理由は、人が霊魂界に来ると、地上的制約から解放されるが、さてこの霊的経験を記憶に残そうとすると、地上的制約にかかって歪められてしまうのである。

〔三六六〕（問）睡眠中に私達の霊魂は肉体から離れ、肉体は空き家同然になってしまうが、この場合、邪悪霊などに憑依《ひょうい》されないように、何か手だてがたてられていますか。こういう悪い憑依を防ぐ役をつとめる守護の霊魂があるのですか。

(答) 自然の法は、こういう憑依を防ぐようにちゃんと出来ている。即ちその法とは、人は憑依されれる条件がない限り、決して未発達霊に憑依されることはありえない、これである。霊魂は肉体の中にあるのではない、霊魂は肉体と同じ波長をもつものではないから。本当の貴方は肉体の内部に在るのではない。心臓と肺臓の間に鎮座している、貴方とはそんなものではない。貴方とは、肉体という機械を使いながら、自己を表現している意識、これが貴方である。

睡眠中にどんな変化が起こっているかというと、貴方である意識は、肉体を通じて活動することを止めて、幽体を通じて自己を表現している。つまり霊魂界で活動しているわけだ。だから他の者が入りこんでくる余地はどこにもない。これは、貴方が肉体の扉を開いたから、他の霊魂が肉体に入りこんで、扉を閉めるという風に考えてはいけない。これとは全然違う。意識は依然として肉体を監督しながら、霊魂界で活動しているのであって、もう一度肉体と結び付く必要が起こったら、瞬間に、肉体に戻って来るのである。

〔三六七〕(問) では、ある人が憑依される場合、憑依した霊魂は、憑依された人の霊魂の許可をうけているということですか。

(答) いや、そうではない。だが、憑依された人物は、憑依されるだけの条件を自分で作り出しているのであって、憑依とは全く本人の問題だ。たとえば、もし人が愛や奉仕の強い希望をもてば、これを助けてくれる高級な霊魂をひき寄せる。憑依にもこれと全く同じ法則が働いているのである。この法は善いことのためにだけ働くのでなく、反対の悪いことの場合にも同じように働く。最高の奉仕に際して働く法はすべて、また悪用されることもできる。つまり人は上り得る高さのほど、また低く墜ちることも出来るものであるから。人は墜ち得る低さの限り、また高所へと上ることも出来る。その法は同じだ。人がどちらを選ぶか、道はそこにかかっている。

〔三六八〕（問）予言的な夢、つまり霊夢というのは、霊界から伝えられるものですか。

（答）そういうことがしばしばある。愛する霊魂が何か警告しようとして、そうすることがしばしばある。また別の場合には、睡眠によって地上の束縛から自由になった幽体が、自分で経験してくるという場合もある。この場合は、幽体は未来のあるものを瞥見《べっ》し、前途に見た警告を、夢の形で持ち帰るということである。

第十二章　戦争について

（訳者注）この章でバーチは戦争の発生を予告しているが、これらの通信は、いずれも第二次世界大戦前に伝えられたものである。

〔三六九〕私達は嫌だ、この霊界がもう一度、傷ついた魂達の病院となることは。皆さんは早く準備体制を整えて、私共の教えを、地上世界に普及してくれなければいけない。その必要が、私達地上で働く霊界人の目にはよく見える。このことは、私共が皆さんに代ってするわけにはいかない。私達は唯、皆さんが道を間違えたらどうなるか、その結果を傍観するだけ、またその結果、霊魂界に何が起こるか、これを皆さんに示すことが出来るだけ。

〔三七〇〕私達には、破壊と殺戮と、その結果が目に見える。まだこちらへ来る準備のできていない魂達が霊魂界に入って来るのが目に見える。彼等は熟する前に、生命の木から、無理にもぎ取られた青い果実だ。地上に生きていかねばならない生命を、無理にぶち壊したのは地上の者なのに、なぜ私達霊界人が、その傷ついた魂の面倒を見なければならないのだ。なぜ私達が自分の進歩を放擲してまで、地上人が怠った義務の尻拭いを、こちらへ流れこむ魂の世話の負担を、ひきうけねばならないのか。

〔三七一〕　戦争を合法化することは、地上世界のためにも正しいことではない。物質の面から見ても、戦争は破壊を生むだけである。地上の戦争は霊界にとっても正しいものではない。それは法の働きを阻害するものであるから。戦争は肉体から魂を切り離す。それは、神法への抵触だ。このことを人類があえてするとは。

〔三七二〕　皆さんは正しいもののために立ち上がらねばならない。盲いた者達が、霊の事業を阻害するに任せておいてはならない。皆さんは御存知ないが、いま進歩と平和と調和を目ざす事業を隠そうとする、組織的な努力が進行している。人と人とを差別する、そんな考えを地上は一日も早く捨てねばならない。すべてが神の同じ子供である。このことを早く学びとって貰いたい。垣根を作るのは神ではない。人類みずからである。神は人間一人一人にその分身を与え給うた。その故に、人は皆同じ神の部分である。

〔三七三〕　いま地上は、建設のために沢山の事がなされねばならない。この危機になお、地上の賢いと言われる人達までが、破壊のみを心がけるということは、なぜなのか。神は万事、秩序をもって進行するようにと、自然の法を定め給うた。人間たる者、この法を犯そうとしてはならない。

もし人がこの法からはみ出して生きるなら、その結果は破壊と混乱があるだけである。皆さんは、その事実を過去の歴史に見出さないか。

〔三七四〕　私は皆さん一人一人に申し上げる。どうか地上に神の計画を実現させようとする者とともに、貴方の全力を、貴方のすべての仕事を、捧げて頂きたい。

神が流血を好まれようか。神が戦争を悲惨を災禍を失業を飢えを茅屋《ぼうおく》を望み給うか。神が子等の手に授け給うた賜物が、手に入らないということを欲し給うだろうか。幼い子供等が、その両親を失って路頭に迷うということを、喜び給うだろうか。

〔三七五〕　もし、皆さんが私達の教えようとしているものを、真底認めて下さるなら――私共は皆さんと同じく、神に仕えることを求めているだけなのだから――皆さんはこの仕事に助力して下さるだろう。誰だって、他人の生命を奪い取る行為は、神法に対する違反である。

〔三七六〕　殺意が燃え上がると、理性は去る。人の内部には神性があるだけでなく、動物性の残滓《し》も残っている。人がこの動物性を制して神性を発揮するところに、人間の進歩があり成長がある。もしこの動物性を頂点にまで燃え上がらせれば、戦争や闘争や殺戮となる。反対に、神性を発揮させ互いに奉仕し合うことを求めれば、平和と調和と豊穣が生まれる。

皆さんはこの世界を、国によって民族によって、区別してはならない。人すべて神の分身であることを、世に知らせるようにせねばならない。人はみな神の子である。海をへだてた遠い国の人々も、親である神の目よりすれば、兄弟である。私達の教えは簡単だが、真理である。これは神法に立脚して出来ている。もし人がこの法を無視して世を作ろうとすれば、必ずや混沌と無秩序が生まれる。諸君は何もかも失ってしまうことになる。

〔三七七〕 今後、人類はよほど努力と犠牲を払わなければ、多くの戦争が起こることになろう。種を蒔けば、必ずその結果を刈り取らねばならない。人は因果の理法を欺くことは出来ないから。流血の種子を蒔いておきながら、平和の実を刈り取ろうとしても駄目だ。物力を望んでおきながら、その悪い結果から逃がれようと思っても、無駄だ。愛を蒔け、愛は返って来る。平和を蒔け、平和が立ち上る。至る所に奉仕の種子を蒔け、世界は奉仕で満ち溢れてしまう。これが素朴な神の真理である。それがあまり単純なので、地上のいわゆる賢人達はかえって迷ってしまうのである。

〔三七八〕（問） 大戦（第一次）の戦死者達の死によって、何かよいものが生まれましたか。

(答) 何もない。地上は今日、更に混沌に近づいている。第一次大戦開始前の時より、更に破壊が満ちている。

(問) どんなに多くの勇気と武勇も、無駄骨ということですか。それでは何か霊魂の方からの反発があるのではないですか。

(答) 戦死者の側からすれば、ある彼等は善意に基づき戦争に参加した。しかし世の中は彼等を欺いた。死は無意義なものとなった。世界は依然として唯物主義を捨てないでいるのだから。

〔三七九〕(問) 休戦記念日の奉仕事業が年々、行われていくとすれば、何か効果がありますか。

(答) それは、戦死者のことを忘れてしまうより、暫時でも思い出すことの方がよろしい。だが、世界は軍事力を誇示したり、銃砲火器、兵隊、あらゆる軍備をそなえながら、片手で休戦記念の仕事をしたって、何もよい結果は生まれない。その休戦記念を、霊的奉仕の性格に変えることは出来ないのか。

(問) 貴方は、休戦日に神霊主義者の記念奉仕を継続するのに、賛成なのですか。

(答) 真理はどこで述べられようと、よいことだ、行われる演説が奉仕をそそるものなら。無意味な演説はしないに等しい。また演説をするだけでは十分とはいえない、それは聴衆に、平和は良いものだという自己満足を与えるだけだから。私は活動を望む。実際の奉仕を期待する。

弱った人を力づけ、病者を癒し、苦しむ人に慰めを与え、家なき者にはねぐらを、地上の汚点である一切の悪弊を除去することを。このような奉仕活動を通じてのみ、初めて平和は来るのである。

すべての人に奉仕の観念が浸透し、すべての人が奉仕を実行するまでは、決して平和は実現されない。ここ十九年間、休戦記念日がもたれてきた。そうして現在では、休戦記念日とは、単に進展する戦備拡大の時流の中で、一小行事にすぎなくなっているではないか。

〔三八〇〕（問）貴方は平和主義者の運動を支持されているのですか。

（答）私は特定の主義団体に属するものではない。私には特定の旗印はない。私は奉仕に、動機に目を向けるものである。肩書や標識に迷わされるな。目的が何であるか、その望むものが何であるかに注目せよ。反対派の中にも、誠実で善意の人がいるものであるから。私達の教えは単純だ。しかしこれを実行に移すには勇気が必要である。ここに新しい出発が始まる時、ここに霊的真理と知識に基づいた決意がなされる時、ここに奉仕と利他とが日常生活に実践される時、そこに平和が生まれる、そこに世界の調和が実現される。

平和は特定の主義団体の手でつくられるものではない。それは神の子等の手によって、即ち上記の道理を理解し、これを日常生活に政治に会社工場に外交に適用する人達の手によって実現されるのである。

〔三八一〕（問）ヨーロッパ列強が膨大な軍備を整えている現実に対し、英国が軍備をもたないのは愚かではないでしょうか。

（答）すでに何度も話した通り、皆さんは国家とか民族とかの次元でものを考える。私達は神と神の子等の見地からものを見る。破壊の機会を作りながら、平和を見出すことはあり得ないとお答えしておこう。平和とは、そこに平和への悲願があり、人類すべてが愛と奉仕の法に従って生きる時、初めて生まれるものだ。私は一国一民族についてだけものを考えるということをしない。私は人類全体を神の子として、一体のものとしてものを考える。人はすべて神の子である。人類が神法を地上世界に実現するまでは、いつまでも戦争はある。破壊も疾病も恐慌も混乱も破産も、繰返し発生する。

〔三八二〕（問）霊界では制裁を認めますか。

（答）生命は神のものであって人間のものではない。人間が人間の生命を縮めるようなことをしてはいけない。制裁は神法に反する。これを行えば、その報いは必ず来る。

（問）しかしこの場合、その動機は善といえます。つまり戦争を阻止しようとして制裁を加えるのですから。

（答）人がもし力の種子を蒔けば、その種子からは、ただ更に大きな力が生まれるだけだ。かつて地上の師達もこう教えたではないか、戦争をなくすことは一つの戦争であると。

〔三八三〕　世界のすべての問題は、霊的法則の適用によって、初めて解決される。このことを地上世界は分かってくれるだろうか。利己主義は、流血と涙と戦争を生むだけでない、世界の混乱と不幸と破壊を生むものである。

人類はここで目を開いてもらいたい。利己主義に代えるに奉仕をもってするとき、初めて平和が訪れる。古来の唯物主義と権力主義と侵略主義は掃討されねばならない。これに代えて奉仕の生活、強者は弱者を助け、富者は貧者に与える、この新しい生活が地上を覆わねばならない。

〔三八四〕　人類はこれまであらゆることを試みてきた。そしてそのすべては虚しいものであった。だがまだ一つだけ試みられないものが残っている。霊的真理の適用、これである。もし人類がその試みに入らなければ、戦争と流血は依然として続くであろうし、またその結果は、必ずや誇大虚飾を極めた地上文明の破滅に至るであろう。

第十三章　再生

〔三八五〕(問) 一人の人間の意識が、別々に分かれて働くことができますか。
(答) 貴方は一つの意識体である。だが実をいうと、貴方は一つの意識のほんの一小部分を地上で表現しているだけであって、その意識の別の部分は他の世界に在って、それぞれ意識体として活躍しているのである。

(問) それらは独立した存在ですか。

(答) いや、そうではない。貴方も他の世界の意識体も、みんな一つの内的霊的実体のそれぞれ反映なのである。

　つまり、これらは一なる全体の部分、唯その活動の媒体はそれぞれ別個だが、それも時には合流することもある。彼等は潜在的にはお互いに気付いている。ただし自己表現を始める当初は気付いていないが、時を経て、お互いに共通の場を発見すると、再び全体の中に一体となるのである。
〔三八六〕(問) これら分身のうちの二つが会っても、お互いが分からないということがありますか。
(答) いまここに、一つの輪をなしている大きな意識を想像されよ。そうしてこの輪には部分があり、この各部分は中心をめぐって回転しているとしよう。時たまこの部分は互いに会う、会うと彼等は同じ一体感を抱く。さて、遂にこの回転が終結すると、各部分はそれぞれ適切な場を占め、ここに輪は結合され完全となるのである。

（問）同じ霊の二つの部分が、互いに通信しあうことは可能ですか。

（答）必要があれば出来る。

〔二八七〕（問）同じ霊の二つの部分が、同時に地上に誕生することがありますか。

（答）そんなことはない。なぜかというと、これは全体の目的に反するからである。各部分の目的は、それぞれあらゆる世界に分かれて経験をつむことであり、彼等が同じ所へ帰って来るのは、ただ戻ることによって何か得るものがある時だけである。

〔二八八〕（問）一つの霊の各分身は、自分の進歩は自分で行わねばならないのであって、他の分身の学びとったもので自分が進歩することはできない。このように考えてよろしいか。

（答）その通りである。彼等はすべて一つの魂の分身であって、別々の媒体をとって自己発揮をしているのである。貴方もいつかは、自己自身のより大きな部分を自覚するようになるのである。

（問）それでは、これらすべての分身が進歩してある点に到達すると、一体となるような点があるのですか。

（答）ある。遙かな無限の彼方において。

〔三八九〕（問）各分身は唯一度だけ地上に誕生する。唯、大本である魂の見地からすれば、再生ということは言えても、個々の分身の場合は再生はありえない、こう考えてよろしいか。

（答）これは使命いかんによる。ある特殊の使命がある場合に限り、一つの分身が一度ならず地上に誕生する。

〔三九〇〕（問）同じ一つの意識体の中の沢山の分身とは、どのように考えたらよいのですか。

（答）これは、真実の生命を御存知ない皆さんにお答えしても、分かって頂けまい。皆さんの生命とは、最低の媒体によって、部分的に生命が自己発揮をしてきたもの。真の生命とは、皆さんの想像を絶した意識をもって、熾《し》烈な生をいきているもの。とてもこの実態を理解して頂くことは不可能である。

　神秘家の最高の経験、画家の深遠な霊感、詩人の歓喜の恍惚、これらのいずれをもってしても、なお私達の霊界でいう生命の実体に比べれば、はかない一片の影にすぎない。鈍重に振動する物質界、その制約に縛られた人間の意識、人はかの生命の実体をとても理解することは出来ない。従って、どうして皆さんに私は、意識とは何であるかとか、それがどんなに作動しているかを、説明してあげることができようか。

この難しさが分かって頂けるか。地上にこれに比すべき譬えがあれば、説明もできるのだが。地上にあるものとえいば、光と闇、陽光と影、せいぜいそんな対比しかない。皆さんはかの虹の色彩と、とてもそんなものの想像を絶した色彩と、この対比はとても分かって頂けまい。

〔三九一〕(問) 彼等分身は、一つの人格の、分割された小面なのですか。

(答) いや、そうではない。それは一つの個性のもつ別の面ではない。皆さんがこの質問を出すのは、あたかも生来の盲人に、陽が輝けば空の色がどうなるかを説明しようとするのに似ている。説明しようにも、対比すべきよりどころが地上にはないのである。

〔三九二〕(問) 貴方の説明の分裂意識とは、かのF・W・H・マイヤースが述べた類魂説と同じものですか。

(答) 同じものを言っている。ただし、マイヤースはいろいろな魂が集まって、一つの群をつくると考えているが、私の言うのは、一つの全体を完成するために帰りつつある意識のいろいろな部分の合同を言うのである。

(問) すると、意識の各部分は再び結合する時、各自はその個性を失ってしまうということになりそうですが。

(答) 川の流れが大海に注ぎ入ると、流れは消滅するだろうか。それとも、大海は沢山の川であるだろうか。バイオリンの音は、交響楽の一大ハーモニーの中で、その音が消滅するだろうか。

〔三九三〕(問) なぜ、霊界から地上へ、再生の証拠を与えてくれないのですか。

(答) 交霊を通じても握ることの出来ない再生の証拠、それはいったい何と言うべきか。皆さんの意識が進めば、初めてそれが分かる。再生は法であるということが自明となる時、初めてその証拠を皆さんは握る。即ち、霊界にも、再生はないと言う多数の霊魂がいる。彼等がこれを否定するのは、彼等が再生の事実を知る段階にまで、まだ到達していないからである。神秘家が自分の神秘感を、世俗の人々に説明できようか。芸術家がその感覚をもたない俗人達に、霊感の内容を分からせることができるか。これは不可能。彼等はそれぞれ違った精神界に住んでいるのである。

〔三九四〕(問) 魂は自分が再生する時を知っていますか。

（答）魂は知っているのだが、顕在意識で知ることは不可能だ。内在の神である魂は、永遠に、漸次、歩一歩と自己を顕現していくのであって、どの段階においても、なお未表現の広大な部分があるものだ。

（問）では、再生は無意識のうちに行われるのですか。

（答）それはその魂の進歩の段階いかんによる。魂の中には、自分が以前に地上生活をもったことを知っている多数の者もあれば、これを知らない者もある。いや、その魂の潜在意識は知っているのだが、顕在意識が知らないのかもしれない。ここまでくると話ははなはだ神秘的となる。私としても、こういう霊的問題をうまく説明できる言葉がなくて、はなはだ困却を感じる。

〔三九五〕（問）生命とはたえず変化し進歩しつづけるものであり、また再生も事実であるとすれば、我々は死後、愛する者達に確実に会うことが出来ますか。また、約束通りに一緒に楽しい生活を送ることができますか。

（答）愛はみずからを知る。愛とは宇宙で最大の力であるから。愛は常にその愛する者をひきつけ、その愛する者と会う。何となれば、これら愛する者の結びを、何ものといえども、阻止することは不可能だから。

(問) しかし再生がある限り、たえず別離がある。とすれば、永遠の祝福の観念と、どう結び付けたらよろしいですか。

(答) 皆さんの言う永遠の祝福の観念は、私の言う永遠の祝福とは違う。宇宙も法も神の創り給える通りのもの、人間が気ままに創り出すものではない。賢者は新しい事実に直面すれば、みずからの心を変える。賢者は自分の思いを満足させるために、事実を変えることは出来ないことを知っているから。

〔三九六〕(問) 私達がこの人生以前に、無数の生を経て今日に至ったことが事実なら、どうして私達はもっと進歩し、もっと立派な人間になっていないのですか。

(答) この世に在り、しかも聖者であること、この世に在り、しかも最も賤しい者であること、そのどちらでも皆さんは可能である。この地上に在るか否か、それは何の関係もない。魂の進歩いかん、これが問題の決め手である。

〔三九七〕(問) 私達の未来の生を見渡すとき、過去と同じように、苦しみや闘いが無限にあるのですか。

(答) そうだ、無限にある。苦痛のるつぼを通じて、貴方の中の神は自己を顕現する。苦しみが神を試みる。苦しみが内在の神性を浄化し強化し鍛えていく。あたかも黄金は鉱石を砕き、精錬して生まれるように。この過程を経ないで、一片の黄金もつくられることはない。

(問) もしそうなら、死後の天国という観念はどうなるのですか。

(答) いま皆さんが考えている天国は、明日は天国と考えられなくなる。幸福とは努力、絶えざる努力、現在を超えて更に高みを目ざす努力の中にある。

〔二九八〕(問) 魂が再生するなら、前生と同じ国に再生するのですか。印度人は印度に、英国人は英国に。

(答) 必ずしもそうでない。新しい進歩に適した国や民族を選ぶことになる。

(問) 男女の性についても同じですか。

(答) その通り、必ずしも前生と同じ性に生まれるとは限らない。

〔二九九〕(問) 私達は霊界に入り、進歩のためには、過去の罪を償わねばならないが、同様に、前生の罪の故に、再生後罰せられるということがありますか。神は、一つの罪の故に二度罰し給うだろうか。

(答) これは必ずしも処罰の問題ではなく、進歩の問題、これから学ぶべき教訓の問題、また一連の魂の学習と進歩という鎖の中で、忘れ去らるべき一個の環の問題である。再生即処罰、というふうに必ずしも解釈してはいけない。

再生とは、まだ埋められねばならない谷があるという意味の場合が多い。その谷とは鍛練を要するもの、過去に学びとらなかった教訓という性質のもので、必ずしも罰を意味しない。人は二度罰せられることはない。人が神法を理解するに至れば、その完璧さに驚嘆するであろう。神法は、一方に偏した不公正なものでは断じてないから。神は完全であるが故に、神法もまた完璧である。

〔三〇〇〕（問）他界の霊魂の中で、地上に一度ならず再生したことを確実に知っている者を御存知ですか。

（答）知っている。魂はそれを知ることが必要な段階にまで進歩すると、その再生の事実を知るのである。目が光に耐えられるようにならねば、光を見ることはできない。私はいちいちその霊魂の名前をあげることをしない。名前をあげても何の証拠にもならないから。

第十四章　死の諸問題

夫と死別した婦人に

〔三〇一〕　霊的な結び付きは、物質的な結び付きよりずっと大きなもの、このことを貴方もやがて知る時が来る。貴方の御主人も、在世の時より今の方がずっと貴方の傍にいる。

現在地上世界の進歩は、物質の波長の限度内に止まっているから、肉体的別離は人には大きなものだろう。だが地上の進歩が更に進めば、人々は知るようになる、物質は影にすぎないと。貴方は今その影を実体だと思っている。それは貴方が現に影の中に生存しているからだ。

貴方が進歩を遂げれば、光と、光のつくり出す影との区別ができるようになる。地上の結びはひと時、霊的な結びは永遠。

〔三〇二〕　いま貴方の目には大きな悲しみに見えるものが、実は神の計画の一部であり、やがてこのことが多数の人の救いに役立つものとなる。貴方もこのような理解をもつように心がけて頂きたい。決して現在の悲しみを、個人的な目で見てはいけない。貴方が嘗める経験がものを言って、これで多数の人々の心をたかめることが出来るなら、それが貴方に返って来て、貴方の霊性の進歩に役立つことになる。

〔三〇三〕　死者は貴方のもとを去ったのではない。戸を開いて新しい人生に入ったのである。これこそ死者にとっての大きな解放である。それは決して辛いことではない。死者にとって悲しいことは何もない。ただ貴方が悲しむことだけが、彼等の悲しみである。

〔三〇四〕　死者達はかつて地上に生きていた時より今の方がずっと貴方の傍にいる。ただ貴方の方は、鈍重な物質の波長にしか感応できないので、死者達が発している精妙な波長に、貴方が感応できないでいるだけだ。貴方は物質ではない。今でも貴方は霊魂、地上の教訓を学ぶために物質界に入っている霊魂である。この教訓を学びとって貴方は前進する。時には辛い教訓もあるかもしれない。しかしだからといって、学ぶに値しないと思われるか。

〔三〇五〕　皆さんは、なぜ物質を規準にして、永遠をはかろうとするのか。皆さんは空の広さを知らない。地上世界のことすら確かには知らないでいる。
しかるになお、皆さんは短い地上の生活をもって、あらゆる永遠を断定しようとするのであるか。

自殺について

〔三〇六〕　人は神法に従って生きていかねばならない、神法は常にその働きが完全であるから。神法は完全な愛によって、また、万物の中にあり物質の中に働く神によって統制されている。人はこの法の働きに干渉する何の権利ももっていない。もしこれを犯して自分の命を縮めれば、その代償を支払わねばならない。

リンゴも熟する前に木から落とせばその実に甘味をもつことはない。人もその霊の準備が整う前に死に追いやれば、その調整をとり直すために永い時間を要し、当然その報いをうけることになる。

またこのことによって、自殺者は愛する人々からひき離される結果を招く。何となれば、彼はその間に溝をつくるからである。

安楽死について

〔三〇七〕（問）回復の見込みがなくて苦しんでいる病人には、安楽死をさせてもよい権限が医師には与えられているという意見がありますが、貴方はどう考えられますか。

（答）生命はすべて神のもの、私はこう申し上げたい。もはや肉体が死ぬべき時であり、霊の方も解放される時が来ているのなら、自然の法に従って死は自ら来る。

（問）では、医術によって生命を延ばすことは、正しいと考えられるのですか。

（答）そのように考える。

（問）では、生命を延ばすことによって、病人の苦痛を長びかすことになってもよいと言われるのですか。

（答）然り。ただ貴方は一つの事を忘れている。魂は去る時が来れば去るのであって、地上には、この法を変えることの出来るものは何もないということを。

（問）安楽死させると、その者は、他界に入って、更に苦しみをうけるということがありますか。

（答）そんなことはない。しかし安楽死は準備のできていない霊にショックを与え、そのショックのため霊は悪影響をうける。

そこでその調整のため、多大の手間がかかることになる。

〔三〇八〕（問）私達には生命を延長する力がありますか。

（答）皆さんは肉体を生かしておこうとする。これは正しいことである。だが、霊が去るべき時が来れば、もはやこれは防ぎようもない。

（問）では、人間が生命を長びかそうとする努力は、何の効果もないというのですか。

（答）その通り。もし皆さんの言うように、医師が人の生命を保持することができるものなら、なぜ死が起こるのか。

（問）でも、しばらくの間なら、病人を生かしておくこともできます。

（答）それは唯、病人がそれに反応するならばだ。皆さんは酸素を病人に供する。だが出来るのはそこまでだ。

もし、魂の方が他界への準備がすっかり整っていれば、もはや、人間に出来る手だてはないのである。

妊娠中絶について

〔三〇九〕（問）妊娠中絶について、霊界の見解をおうかがいします。

（答）人は自由意志と、是非正邪を見分ける意識を与えられている。何事も動機が肝心。動機は何か、万事動機によって決定せよ。他は問題でない。

〔三一〇〕（問）しかし、妊娠中絶の行為そのものが、神法に触れるのではないですか。

（答）いま地上に、二人の者を通じて、一つの霊が誕生すべき場合には、中絶などしない二人を通じて、それが実現される。神法はあらゆるものを見通しているから。いま貴方の子として、一つの霊が生まれることが、貴方の進歩になるなら、貴方はおそらくその誕生を望んでいて、それを拒むことをしないだろう。

〔三一一〕(問)受胎の後いつ頃、霊は子供の肉体に入るのですか。

(答)次の私の意見には同意しない者が沢山いることは知っているが、私の意見では、精子と卵子が一つになり、微小ではあるが、霊が活動する身体がつくられるその時から。またこの瞬間から、霊は地上の生活が始まるのである。

動物虐待について

〔三一二〕(問)近時、動物実験がさかんになって、ずいぶん動物を苦しめていますが、これをどう思われますか。またこれを阻止しようと努力する人も多数いますが、彼等に霊界から援助が与えられますか。

(答)人が奉仕を思いたつと、すぐにこれを助けようとする霊界人がやって来て、激励し新しい霊力を与えてくれます。

神の被造物のいずれに対しても、苦痛を与えることは間違いである。ただ無知のために、自分が与えた苦痛に気付かず、単に人々を救いたいという動機だけに駆られて、動物虐待する多数の者がいる。彼等もやはり法を破る者である。

(問) だが、今まで何度も話のあったように、動機だけが肝心だとすると、これこそ人類への奉仕と思ってやっている人が、法を破った者としての罰をうけるということがあるのですか。

(答) その動機は善であっても、原理は変らない。もし人が、こうすれば相手を傷つけると知りながら故意に苦痛を与えるなら、彼は責任を意識しているということになる。勿論、その動機は善だが、苦痛を相手に与えている。上記のすべての事実が計量されることになる。だが私としては、他を苦しめることには、いかにも同意しがたい。

〔三一三〕(問) 動物は人類を助けるために、地上に発生したのですか。

(答) まさにその通り、また人類も、動物を助けるために発生している。

〔三一四〕(問) もし動機が善ならば、生体解剖は正しいと考えられますか。

(答) いや、そんな残酷なことが、どうして正しいといえるか。相手を苦しめ悩ますそんな行為が、どうして正しいものか、それは私の教えに反する。抵抗できない者を実験台にすることは誤りである。

〔三一五〕（問）癌の治療法は、動物実験では発見できないとお考えですか。

（答）地上が、自分で神法にそむいておきながらひき起こした病気、それを治療する別の方法を、地上が発見することはできない。病気はすべて治療法が発見される時が来る。しかしそれは動物実験では発見されないだろう。

第十五章

霊能・奉仕の法・魂と霊・バーチの祈り

霊能の抑制

〔三一六〕　貴方に霊能力があるなら、それを使いなさい。神の授け給うた力は、神の子等のために使わねばならぬ。もしこれを善用しなければ、その霊能が逆に貴方に災いする。それは神のものを圧し殺すことになるから、その反応が貴方に来るのである。霊能を瓶の中に閉じ込めておくことはできない。それは勝手に芽を吹き出してしまう。

〔三一七〕　地上の欠陥を、私達霊界人がとり去っても、それは無用のこと。地上の新世界は、皆さん自身の手で建設しなければならぬ。そのためには、霊的に敏感な者は、世の悲しみを解決するために霊能者としての責任を果たさねばならない。即ち貴方が霊能者であるゆえんである。

〔三一八〕　皆さんは光と影の世界に住んでいる。これは霊界とは違った世界だ。人は影の中にあれば光を忘れ、光の中にあれば影を忘れる。雪が降れば寒いと言い、陽が照れば暑いと言う。陽が照れば雪降れと願い、雪降れば陽を望む。目を地に落とすな、常に太陽に向けよ。

霊媒も、地上の甘いも辛いも味わい尽くして後、初めて偉大な霊媒となる。

奉仕の法

〔三一九〕　神学者達の手にかかり、宗教は馬鹿でかい神秘の固まりとなってしまった。宗教とはいたずらに疑問と混乱の巣窟、これが彼等の製作物である。私は言う、一切の宗教の精髄一切の生活の核心、これを唯一言にして表わせば、「奉仕」これである。

〔三二〇〕　自分を忘れて奉仕に努める人、それは神性を発揮している人である。

奉仕――これこそ現在の地上世界が必要としているもの。その故に、私達は奉仕を説き、奉仕に努力する。

あらゆる霧と闇との背後に、あらゆる懐疑と恐怖の背後に、あらゆる悲しみと争いの背後にあらゆる苦汁と痛みの背後に、永遠の目的がある。

〔三二一〕　皆さんは決して一人ではない。一人きりで困苦と闘うようには決して創られていない。目には見えず、耳には聞こえず、手には触れないが、霊の影響がいつも貴方をとりまいている。もし地上が、この霊魂の実在に気付いてくれれば、地上は必ずやその姿を変えていくものを。

〔三二〕　貴方の背後にある力は、あらゆる生命の主、神の力、宇宙至高の力である。この力は必ず顕現されるに違いない、そして貴方はこの力の地上降下に助力することができる。そのためには、貴方が何をするかは問題でない――貴方が人を立ち上がらせるかどうか、激励の一言を与えるかどうか、霊的なこと物質的なことを問わず、そのいずれにても奉仕するかどうか――貴方が奉仕に努めて怠らない限り、貴方はいやしくも神の通路である。

〔三三〕　人に奉仕することをしないで、どうやって神に仕えることができようか。地上世界は用語とか名前とかレッテルとかを気にする。私は一言で、これを奉仕と言う。皆さんはこれを、政治学とか経済学とか社会学とか言う。だが、これは単に表現の相違にすぎない。どこに在っても奉仕さえすれば、これ即ち宗教である。

奉仕は、上流社会であろうと下層社会であろうと所を選ばない、人の魂を立ち上がらせることができるなら、暗闇にある人に光を与え、人を無知の牢獄から解放し、飢えた人には食を、渇いた人には水を与え、そして争いの代りに平和をもたらすことが出来るなら、これ即ち貴方は神に奉仕する者である。

他界からの指導

〔三二四〕（問）本人を助けている守護霊がいるのに、本人がその存在に気付いていないということがあり得ますか。
（答）そういう人は、無数にいる。だが、本当はその守護霊の存在に気付いてくれることが望ましい。

（問）その存在を知れば、本人の力は増加しますか。

（答）その通り。その存在を知れば、両者の結び付きは一層密接となる。

皆さんは光が得られるのに、なぜ闇の中にいるのか。水が飲めるのに、なぜのどを渇かしたままでいるのか。

インスピレーションについて

〔三二五〕（問）人間は同じ職業の霊魂からインスピレーションをうけるものですか。たとえば、新聞記者は生前新聞記者であった霊魂からというふうに。
（答）その通り。人はこの世でもっていたものを、あの世に入ってなに一つ失うことはない。地上で才能を発揮した人物は、霊界に入っても、更にその能力を伸ばしていく。だが能力が伸びれば伸びるだけ、その才能を表現できる媒体が欲しくなる。またそれが進歩のためにもなるわけだから、そういう媒体となる人間を探し求める。さて、そういう霊魂から来る霊感を、媒体となった本人が、気付くこともあるし、全然気付かないこともあるが、ある場合には、霊魂の個性が強いために、その霊感に霊魂の人柄が現われている場合もある。

〔三二六〕（問）大詩人・大画家と言われる人は、霊感によって制作すると聞いていますが、しかし、いったい、これではどこに本人の独創性があると言えますか。

（答）私は生命の初源を知らず、またその終りを知らない。神とは生命であり、生命はまた神である。生命の種子はすでに初源より蒔かれていた。私の知る限り宇宙にいま在るものは、過去においても存在したし、また未来においても存在し続けるであろう。人間とは神の種子を宿した分身である。小にしては人間は神であり、また魂の進歩に応じて開かれる神の通路である。だから従って、宇宙に内在する一切の力を使うことの出来る生きもの、ということができる。

人は創造主ではない。しかし、これに何かを加え、その形を変え、建設し、これを動かし、これを改善し、美化し、結び付ける等、その住む世界をよりよくし、更にはこの世を包む大宇宙をより良くすることが出来る。人間とはそういうものである。神は人類に、手段と材料のすべてを与え給うた。だから人間がこれを使えば世界を変えることすら出来る。しかし、それをもって世界を創造すること、それは不可能である。

催眠術の功罪

〔三二七〕（問）催眠術の研究は良いことですか。

（答）催眠術の施術者が、善い意図をもって、その力を奉仕に役立てようというのなら、勿論結構なことである。そういう施術者は、相手の魂の潜在力に多少の刺激を与えていることになる。

（問）その潜在力とは、何をさしているのですか。

（答）内在の神、大我のことである。これについては何度も前に言った通り、人が内在の力をよく理解して使うことが出来れば、彼に不可能はないのである。では、どうしたらその力に近づけるかといえば、これの開発修行をつむこと、高い波長にふれること、奉仕の生活を送ること、霊魂の向上をはかること、これである。人が唯物的になればなる程、その波長は低くなり、自己を捨てて向上をはかればはかる程、その波長は高くなり、内在の神性はますます発揮されるのである。

〔三二八〕（問）内在の神性は本人の顕在意識とは無関係に、考えたり行為したり判断したり、活動することができるものですか。

（答）いや、地上生活中の神性は、いつも顕在意識の一部によって調整されながら働いている。決して催眠術によって、この神性が左右されるということはない。施術者はいわば牢番のようなもので、牢獄の戸を開いて中の囚人を解放する、唯それだけのことである。もし施術者に善意があれば、相手の内在の神性を刺激するから、偉大な奉仕をしていることになる。また施術者は反対に、内在の動物性を刺激することもできるのである。

〔三二九〕（問）催眠術は交霊の一つの方法として、利用価値がありますか。

（答）そういう試みが行われたことがあるが、それによると、次のことが判明した。ひとたび霊魂が霊媒を支配すると、施術者の力はもはや霊媒に及ばなくなり、そこで施術者の力はストップしてしまう。従って催眠術は交霊法そのものとしては適当でない。ただし交霊会を始めるきっかけに利用するのならよいだろう。つまり、これをきっかけとして、霊魂の力が次第に霊媒に浸透するということになるから。

〔三三〇〕（問）催眠術は霊的進歩の近道とは言えませんか。

（答）いや、霊魂の進歩に近道はない。貴方が対決しているのは魂である。人類は今日の魂の進歩の段階に達するまで、実に無限の年代を経過している。その間、地上は無数の災禍を経験してきた。実にそれは人類が霊的なものを無視してきたからである。霊的なことは慎重な熟成を要するもの、徐々に牛歩の成長を必要とする。

トーマス・ペーンをたたえて

トーマス・ペーンは一七三七年、英国で生まれた。一七七四年フランクリンに会ったことが転機となって、独立戦争直前のアメリカに渡り、有名な「コモン・センス（常識）」を書いてアメリカの世論を統一し、独立戦争に多大の貢献をした。その後フランス革命を援助したが、ルイ十六世の処刑に反対したため、ジャコバン党に捕えられ、危うく処刑されるところを、九死に一生を得て許された。このように国境をこえ民族をこえて、人間の自由解放に生涯を捧げたペーンも、晩年は不遇で、淋しくニューヨークで客死した。（訳者注）

〔三二〕　一九三七年、ペーンの生誕二百年祭に言及して、バーチは次のように語った。

本日は、地上世界が一人の人に賛辞を捧げる日である。この人物は、自分では気付かなかったが、霊力に満ちた人物であって、その生涯をうちひしがれた人々、圧迫された人々を救うために力を尽くした。この人は弱い者倒れた者のために戦い、あらゆる不正に反対し、正しい道を人に教えようと身命を捧げた。生前の彼は、軽蔑され反対され迫害をうけたが、彼の仕事は生きて残った。私は皆さんがこの事をよくかみしめて学ぶようにお願いする。いま皆さんの手がけているこの仕事も、これと同じ性質の仕事であるから。皆さんは障害をうける、悪意と反抗にあう。皆さんは自由への闘いの道で、同盟者であるべき人々からも承認をうけないかもしれない。しかし、皆さんの仕事は生きて残る。何となれば、その仕事には神の承認のレッテルが張られているのだから。

この聖業のためには、私達は善意の人なら誰とでも手をつなぐ。私達は地上的な意味の指導者を認めない。また、階級も国籍も、民族も人種も、宗教を信じようと信じまいと、そんなことにはいささかの差別も感じない。私達はただ、人を救い人を助ける仕事に、奉仕に、努力に目を向けるだけである。

かつて人のため情熱に身を焦がした一つの魂トーマス・ペーンは地上を去った。しかし彼は以来霊界に在って、奉仕活動をつづけている。今もなお、人類進歩のために努力する人を援助しようと、全力を奮って奉仕活動に身を挺している。

地上世界とは奇妙な所だ。昨日の悪者が、今日は英雄となる。また今日の英雄が、明日は悪者とされることもしばしばある。今日の世代で軽蔑される者が、次の世代では称賛される者となろう。

自分を宗教的と思っている人の見解の何と狭いことか。彼等は自分の宗教の周りに信条という厚い壁をめぐらし、この信条を認めない者は、一歩たりとも壁の内に入ることを認めない。彼等は言う、この壁の外の者はすべて、神を信じぬ者どもである。この信条を認める者だけが、選ばれた宗教的な人達であると。

しかし、真に宗教的な人とは、人々を立ち上がらせようと努力する人々である。即ち、誤りがあればこれを正し、障壁をとり壊し、無知をなくし、飢える者をなくし、家なき者には家を与える、こういう人達のことをいうのだ。これこそ真の宗教人。人類への奉仕に生涯を捧げる、この外に宗教は存在しない。

魂と霊

〔三三二〕(問) 人間の肉体を統御しているものは何ですか。また、それは肉体のどこにあるのですか。

(答) それがどこに鎮座しているか、私は知らないし、またそれを発見することもできない。地上の科学者に言わせると、魂は身体の一隅にあるとか、血管の中を漂っているとか、特定の臓器の中に宿っているとか言う。だが、魂が鎮座している身体の特定の場所というものはない。

〔三三三〕(問) 魂は肉体の内部にあるのですか。

(答) 魂については、内とか外とかいう言葉は妥当でない。魂には内もなければ外もない。魂は全空間に充満している。魂とは意識である。魂は肉体によって限定されるものではない。それは無限を行き来し、進化の高所にまで達し得るものである。もし皆さんの魂が、幽体で遥かに旅行するとすれば、皆さんの魂はどこにあると言えるか。皆さんは現世の物差しでこれを考えようとする。だが私達霊界人には、そんな面倒なものはない。魂には限定された空間というものはない。我々の意識は心のおもむくまま、地上世界のどこででも活動することができる。

〔三三四〕(問) 魂 (Soul) と霊 (Spirit) とではどう違うのですか。

(答) 名称などはどうでもよろしい。辞書は人間の作ったもの。唯私の場合は、魂とは内在の神、霊とは魂を宿しつつ自己を表現している体をさしている。ただし人によっては別の名称を用いる場合もある。

〔三三五〕(問) 媒体から離れた霊とは、どんなものですか。

(答) 霊とは神の分身、向上につれ次々と媒体を使って自己を表現している神の分身。この自己表現と切り離した霊について、私共は何も知らない。何となれば、霊が自己表現をして初めて、我々は霊を知るのだから。

〔三三六〕（問）私達の意識とは、何ですか。
（答）意識とは、正邪を見わける魂の一部。秤《はかり》がどちらに傾くかを教えてくれる標準器。即ち、人間の魂の指標である。

〔三三七〕（問）オーラとは、何ですか。
（答）オーラは媒体が発する波長でできている。オーラにもいろいろあるが、地上で知られているオーラとは、肉体のオーラと幽体のオーラである。あらゆる物にはオーラがある、その内に意識があろうとなかろうとオーラはある。

オーラは媒体から出る波長だが、その媒体の状態に応じて、波長はさまざまである。だからオーラを見て、その意味が読みとれる人は、相手の秘密を何でも知ることができる。たとえば相手の健康状態、相手の心や気持、その魂の進歩の程度までも分かる。だから、オーラとは人の目の前に開かれた書物。そこにはその人の言行や思想がすべて記録されている。オーラこそは永遠の審判官。そこには、外見からは分からないその人の真実の姿が、見る人の目の前に正確に示されている。

（問）以上の説明は、人間の幽体にもあてはまることですか。

（答）その通り。肉体のオーラは、健康とか気質や習慣など、肉体的なことに多分に関係している。それは皆それぞれに違った色彩で現われている。

〔三三八〕（問）幽霊現象、たとえば僧院の道を僧侶が歩く、このようなことが機械的に繰返される幽霊現象、その原因は何ですか。

（答）幽霊は霊魂が起こす。しかし今のあなたの質問のような場合は念が強く地上に印象されていて、その印象がふらふら現われるという場合である。だが、一般に皆さんのいう幽霊とは、地縛霊の仕業である。

〔三三九〕（問）時間とは実在ですか、それとも人為的なものですか。

（答）時間とは人為的なものではないが、多くの次元をもつものである。人為的といえば、人間の行う時間の測定、この点であって、時間そのものは真実なもの、実在であり、空間も実在である。ただ人間は限定された中心から、時空を測定するから、それは正確とはいえない。更に人間の諸要素についての知識が増せば、その中心はもっと正確なものとなる。

〔三四〇〕（問）地上で邪悪な生活を送り、他界に入ってからも悔い改めないということがありましょうか。

（答）それは大いにある。そういう状態のままで、何百年も、時には数百年もそうしている者が沢山いる。

（問）そういう霊魂が人間に害を及ぼすということがありますか。

（答）両者の間にひき合うものがあればそうなる。皆さんにぜひ知って貰いたいことは、霊魂の憑依とは、霊魂が原因でなく、人間の側に原因があるということである。つまり人間がそういう憑依の条件を作るからである。人がもし調和と正見をもち、奉仕に心がけ、利己心や悪意や欲望をもたずに、生活を貫くなら、憑依は絶対に起こらない。

〔三四二〕（問）花や草木にも意識がありますか。
（答）皆さんの言う意識とは違うが、植物も、人間にはまだ分かっていない波長に反応を示す。しかし、たまたま植物の波長の秘密を発見して、この波長を使って植物と交信することの出来る人は沢山いる。

バーチの祈り

バーチは交霊会の初めに、必ず神へ祈念を捧げる。

次は、その祈りの一つの実例である。


神よ、どうぞ私共が、霊界の法を人々に示すことが出来ますように。どうか、神の正しい理解、神と万物、ならびに人類とのつながりについて人々に正しい理解を与えることが出来ますように。

永い時代にわたり神は誤解されてきました。非常に狭く偏って人々に解釈されてきました。従って私共は、神を完璧な法として、これを人々に示したいと思います。神はあらゆる生命現象に責任を負っておられ、存在するものすべて、神の御力と維持によって存在しているのであります。ありとあらゆるものは、神の法による造化の妙であります。最高のものから最低のもの、最強のものから劣弱のもの、花も木も風も、海も山も丘も谷も、陽光も雨も嵐も稲妻も、すべてこれ天地万物は、生命である神の、その顕現にすぎません。

すべてのものは神の霊妙な想像の中に描かれています。神の霊は万物となって形を現わします。万物は動き息づき、そして生命を発揮いたします。神は万物の中にあり、万物は神の内にあるからであります。

私共は、人間ひとりひとりの内部に隠されている偉大なものを、人々に示したいと思います。誤解されたままで閉じ込められていたのですが、今や陽の目を見ようと待ち望んでいる大きな力、肉体を通じて波うち、日常生活の中で、高い霊性を発揮しようと待ちうけているかの大きな力、それを明らかにしたいと思います。私共の願いは、人類すべてが、充実した美しい生活を送るようにと、人々がこの世に生まれてきた人生の目的をしっかりわきまえた生活を送るようにと、そうして、いつでも彼等のものであるあらゆる豊穣と甘美さとを、生命の中から引き出してくれるようにと。

私共は、神をいよいよ近く子等のもとへ、子等をいよいよ近く神のもとへ近づけたいと思っています。それは前途のあらゆる障害を征服するために、一切の制約と限界を消滅させるために、地上の子等が神を知り、神を奉仕の中に発揮させてくれるようにと。これが私の祈りでございます。

ひたすら奉仕を求めるインディアン、貴方の僕より。

第十六章　牧師との対話

メソジスト派の熱心な牧師が、交霊会に出席して、バーチと次のような対話を行った。

〔三四二〕（問）貴方にも死の恐怖がありましたか。

（答）いいえ。私達インディアンはみな霊魂を認めているから、死は少しも恐ろしいものではなかった。私達は貴方のメソジスト派の創立者であるウェズレイのように心霊的なのだ。彼は霊の力に動かされた人物であった。だが、現在の人々は一向に霊の力によって動かされることがない。神へとどく鎖には、沢山の環があって、地上最低の者も霊界の最高の天使ともつながっている。地上の者誰一人、いくら悪人といっても、神とつながっていない者は一人もいない。

〔三四三〕（問）地上で人間が犯す最大の罪は何ですか。

（答）罪は沢山ある。だが最大の罪といえば、神に反抗する罪である。その意味は、神を知り、しかも神を否定する人々のことである。これがあらゆる罪の中で最大なるものである。

〔三四四〕（問）改訳聖書をどう思いますか。改訳聖書（一八八四年改訳）と、欽定訳聖書（一六一一年英訳）とどちらがよろしいか。

（答）言葉は問題ではない。大切なのは人が何をなすか、これである。神の真理は多数の書物の中にもあるが、また、神のために生きようと努める人々の心の中にもある。その人がどこの国の人であれ、またどういう身分階級の人であれ。これこそ聖書の中の聖書である。

〔三四五〕（問）いま、Aは邪悪な生活を送ったままで世を終り、Bは改心して正しく生きようと決心した。この両者には、他界に入ってからどんな相違が起こりますか。

（答）それには聖書の言葉をもってお答えしよう。「人は自ら蒔いたものを、刈り取らねばならない」、誰もこれを変えることはできない。人はそのありのままの姿をもって他界に入って来る――それは自分で考えるような自分ではない。それは人に見せるための虚飾の自分ではない。人の内にある奥の心そのままの自分である。人は他界に入り、初めてあからさまな自分の姿を見ることになる。

〔三四六〕（問）バーチはこの牧師に向かい、「貴方はこの古いインディアンが、聖書のことをよく知っているのでびっくりしましたか」と問うた。牧師が「非常によく御存知ですね」と答えると、列席者の一人が「バーチは三〇〇〇年前に他界された方ですよ」と告げた。牧師はすぐに年代を計算しながら、「ダビデを御存知ですか」と尋ねた。ダビデは約三〇〇〇年前の人物だからである。

（答）私は白人のことは知らない。私はインディアンだ。アメリカ北西部の山中に生存していた。私は皆さんのいう野蛮人である。しかし私の見るところでは、西欧世界は三〇〇〇年前の賤しいインディアンより、更に野蛮で残忍で無知の状況が続いてきている。今日なお、白人達が経済的に劣った民族に対して行う酷薄な行為は、神にそむく罪の最大なるものである。

〔三四七〕（問）他界に入った人々はどうでしょうか。激しい良心の苛責など感じますか。

（答）一番彼等が残念に思うことは、仕残してきた事である。他界に入ると、霊魂は自然にいろいろな事が見えてくる。自分のしてきた事のすべて、しなければいけないのに果たさなかったこと、そのすべてが目に見える。この逃した機会が目に見えるので、それが悔恨をさそう。

〔三四八〕（問）キリスト教をどう御覧になりますか。神の目からみて良いものと言えましょうか。もし貴方がキリストを信じるなら、キリストを手本としようと思われますか。

（答）「神よ神よと言う者が神を信じる者ではない。天なる父の御業を行う者が神を信じる者である」。肝心なのはこのことである。大切なのは、人のしゃべる言葉、信じるもの、また考えるものでなく、彼が何をなすか、これである。かりに信仰がなくても、うちひしがれた者を立ち上がらせ、飢えた者にはパンを与え、暗闇に呻吟する者には光明を与えるなら、その人こそ、神の御業を行う者である。

〔三四九〕(問) 列席者の一人が、イエスは神の分身かどうかと質問した。

(答) イエスは地上に出現した偉大な指導者であった。人々はイエスの教えに耳をかさず、イエスを処刑した。そして今でも、人々はイエスを処刑しつつある。

すべての人の内に神の分身がある。一部の人はそれを発揮し、他の人達は少しもこれを発揮しない。

(問)イエスが地上最大の人であることは広く認められています。こういう人が嘘をつくはずがない。イエスは言い給うた「私と天なる父とは一つである。私を見る者は父を見る者である」と。以上はイエスが神であることを示されたのではないでしょうか。

(答) 貴方はもう一度、聖書を読み直す必要がある。イエスは「天なる父は私よりも偉大である」と言わなかったかね。

牧師が「その通りです」と言うと、バーチは更に次のように言葉を続けた。

イエスはまた、人々に「天にましますの我等の父」と祈れと教えなかったか。決して自分に向かって祈れとは言わなかったね。とすれば、イエスと天上の父とが同じであるということがどうしてあり得ようか。

イエスは決して「私に向かって祈れ」とは言っていない、「我等の父に向かって祈れ」こう言ったのだった。

〔三五〇〕（問）この世は、なぜこんなに苦しみが多いのですか。

（答）苦痛を通じてのみ、人は神の真理を学びとるのである。辛い経験のるつぼでもまれて、初めて人は世を支配する神法の真理に目覚めるのである。

（問）世間には苦しみをもたない人が沢山いるように思いますが。

（答）人間とは神性を宿した存在、だから、肉体的なことよりも霊的なことが肝心。霊的な苦痛というものは、肉体的苦痛よりはるかにその痛みが大きいものだ。

〔三五一〕（問）現代社会は不公平だと思いますか。

（答）いつかは世の事すべて、正される時が来る。いつかは、人はその手に天秤を持ち、みずからその傾きを、正さねばならぬ時が来る。自ら蒔いたものを、自ら刈り取る、これが大自然の法、人はこの法から逃れることはできない。あるいは皆さんはこう考えることもある、あの人は傷が軽くてもうかったと。しかしそうではない。人は他人の魂の中まで見ることは出来ないのだから。

私の知るかぎり、神法だけが唯一の法である。私は人間の作った法を認めない。それは変りゆくもの、しかし神法は不変のものである。もし世に苦痛がなければ、人は決して欠陥に目を向けようとはしない。この世に苦痛や災禍があるのは、神の子である人類がこれを克服する道を学びとらんがためである。

私はこの他界で、過去を悔んでいる多数の僧侶に会う。彼等は過去を振返っては、あぁここで霊的教示を誤って教えた、あぁここであまり聖書や言葉や表現にとらわれすぎて、実践をないがしろにした。もし出来ることなら、もう一度地上に戻りたいと。私はこういう僧侶達に教える。いま一度地上に神の真理が芽生えるように、皆さんを通じて通信しなさい、そうしてその通信方法も私が教えてあげると。

現代は、皆さんが御気付きのように、地上世界は破滅の危機に瀕している。他方では、地上天国の到来を告げる新秩序の暁鐘も聞こえてくる。しかし、それにはなお多大の苦しみ、災禍、涙がある。しかし終局において、神は皆さんの中へ戻って来るのである。人は誰でも、この新天地の実現に力をそえることができる。人は神の分身であり、神の御業を助けることができるものであるから。

〔三五二〕（問）地上の人間が、完全な生活をして、神のようになることが可能でしょうか。また、すべての人を愛することがはたして出来るでしょうか。

（答）それは不可能だ。しかしそういう努力は可能である。人間の努力は何事によらず人格形成にきわめて大切である。もし、人が怒らず、悲しまず、心の平静が保てれば、もはや人間ではない。人は霊性進化のために地上に置かれ、日に日にこれを伸ばしていく。これが法である。このことは地上でも霊界でも変りなく進行している。

（問）イエスは「天なる父が完全であるように、皆さんも完全となれ」と言っていますが、これはどういうことになりますか。

（答）それは完全になろうと努力せよ、という意味である。内在の神性を発揮すること、それを日常生活で実現するよう努力すること、これがその教えの主眼である。

〔三五三〕（問）マタイ伝でイエスはこう教えています、「ある者は隣人を、ある者は友人を愛する。だが皆さんは完全であれ、皆さんは神の子なのだから」と。その意は、神が万人を愛するように、人も万人を愛せよ、という意味だと思います。イエスは実行できないことを私達に命じているのだと、貴方はお考えになりますか。

(答) 貴方は、イエスがこの世で完全な生を送ったと思いますか。

(問) そう思います。

(答) また、イエスは怒ったことがなかったと思いますか。

(問) 怒っていけない時には、怒らなかったと思います。

(答) いや、私がきいているのはそんな事ではない。一度もイエスは怒ったことがなかったかときいているのです。


列席者の一人が、イエスがお宮に行った時の両替商人のことを思い出した。

(答) そう、私はそういう意味で尋ねていたのです。事実から目をそらして、イエスの生活を見ようとしてはいけない。イエスは神の宮を俗人どもが汚すのを見て、非常に立腹し、彼等を追払ってしまった。これが怒りだ。私はこれがいけないというのではない。だが、これが怒りだ。怒りは人間的な感情である。

私はただ、イエスにも人間的性情があったことを示すために、この話をもち出したにすぎない。皆さんがもしイエスを範として従おうとするなら、イエスも人間であったことをわきまえておかねばならない。ただ彼は神性を大いに発揮した人物、他の人に比べて大きな神性を発揮した人物、お分かりかな。

イエスの意にかなおうとするなら、イエスを人間の手の届かぬ玉座の高みにすえてはいけない。イエスを貴方と同じまた万人と同じ人間として扱いなさい。これが彼の意にかなうゆえんである。イエスは決して雲の上にいることを望んでいない。人々と同じ所にいることを望んでいる。また彼は一つの範例となることを望んでいる。人々が誰でも、彼が行ったところを行うことが出来るようにと。もし人がイエスを神の座にすえてしまえば、もはや地上の誰一人、彼に従うことはできない。これではイエスの生涯は無駄ということになる。

〔三五四〕（問）人間に自由意志があるとお考えになりますか。

（答）ある。自由意志は法である。

（問）でも時には、自分では何ともできない衝動で事をなすことがあります。とすると、意思は決定されているのではありませんか。それとも自由なのでしょうか。

（答）貴方はどう思いますか。

（問）自由だと思います。

（答）人はすべて自由意志が与えられている、唯神法の範囲内で生きなければならないということを除いては。法は神の子等の用にたつために、神の愛によって定められ、そこにある。人はこれを変更することはできない。この範囲内で人間は自由である。

（問）人によって遺伝が強く働くのではないですか。ある人は他の者より楽々と善をなすことがあります。

（答）各人には自由意志があるのだから、これは難しい質問だ。人が不正を行う時は、内心では不正だと知っている。その声に従うか従わないかは、本人の作り上げた人格によって定まる。罪はその及ぼす害悪に応じて悪さが定まる。

（問）もし、罪はその結果が悪いというだけなら、心の中の罪は何でもないということですか。

（答）罪はすべて罪、肉体の行う罪も、心で犯す罪も、いずれも罪である。さっき貴方は、人間は衝動で動かされることがあると言ったが、その衝動とはどこから来ると思いますか。

牧師が「それは心の中の思想からです」と答えると、バーチは「では、その思想はどこから来るのか」と尋ねた。牧師が答えに窮して「良い思想は神から来ます」と言うと、バーチは「では悪い思想は」と重ねて尋ねた。牧師が「分かりません」と答えると、バーチは次のように説明を加えた。

（答）神は正しいものの中にも、正しくないものの中にも、一切のものの中にいまし給う。神は太陽の中にも、嵐の中にも、美しいものの中にも、醜いものの中にも在り給う。神は天空の中にも、大洋の中にも、雷や稲妻の中にも在り給う。神は善美の中に在るだけでなく、罪と醜悪の中にも住み給うのである。人は神を、ここだけあそこだけと制約することはできない。全宇宙が神の創造によるものであるから、神の霊はあらゆる所に住み給うのである。

皆さんはどんなものでも差別することはできない。これには神の息がかかっていないと言うことはできない。陽光は神から来るが、穀物を流す雨は悪魔から来ると言ってはいけない。神はあらゆるものの中にいまし給うのである。

人は思想をうけ取ったり、また発したりすることの出来る通路のようなものだが、人のうけ取る思想は、本人の人格と霊いかんによって定まる。だから、もし人がいわゆる完全な生活を送るなら、その人は完全無欠の思想だけをうけ取るのである。しかしながら、人間はやはり人間であるから、人間の魂と精神にふさわしい思想をうけ入れるのである。

〔三五五〕(問)いま、ある人が年を経て、ああ自分は悪にばかり従い、善を無視してきたと気付いたとします。そしていま彼が死の床にあって、己が人生を悔いているとします。さてバイブルには「人は信仰によって救われる」という言葉があります。これを読む人は心に安心を感じるといいますが、こういう言葉で人が救われるということ、これについて御意見をきかせて下さい。

(答) では、バイブルから私も御存知の言葉を引用しよう。「人は、全世界を得ても、魂を失ったら何の価値があろうか」「まず神の国を求めなさい、そうすればすべてが貴方のものとなる」。貴方はこの言葉をよく御存知のはず、だがその意味が本当にお分かりかな。この言葉が事実であり、実行すればその通りになるということ、これは神の法であるということ、それを知っておられるかな。また貴方は「人は蒔いたものを刈り取る」という言葉も御存知のはず。

人は神法を欺くことができようか。その生涯をかけて、人々を救う機会を無視してきた者が、臨終にさいして別人になってしまうとか、その霊魂が変容するとか、お考えになるのかな。その義務を怠り、幽体にそのことがはっきり記録されている、その怠慢がすべて帳消しになるとでもお考えかな。

神の目から見て、自己の霊性を無視してきた人物が、その生涯を神と人々のために奉仕し、骨身をすりへらしてきた人物と、同じレベルにあるとお考えになるのかな。

人が謝りさえすれば、その罪がすべて拭い去られるとするなら、神法の正義はどこにあると思われるか。

(問) それは正義ではないと思います。ただ、いま死にかけている人に、貴方は人生を滅茶苦茶にしたから、その償いをしなければいけないと言ったのでは、何の慰めも与えることはできないではありませんか。

(答) では私の言葉として、その人にこう伝えなさい。もし人が神性の一片でも持つ本当の人間であるなら、人間らしく犯した過去をすべて正すであろう。もし自分の行為の結果から逃げ出したいと思うなら、これは人間ではなく卑怯者にすぎないと。

(問) だけど、人がもしその罪を告白するなら、これは常人にはできない勇気ある行為と、貴方はお考えになりませんか。

(答) それは正しい道へ上るほんの第一歩にすぎない。告白によって犯した罪がいささかでも消えるものではない。人間には自由意志がある。その自由意志で、自分が正しい道を捨てて、誤りの道へ踏み入ったのである。この人は自分の犯した結果から逃れることはできない。自分で自分の誤りを正さなければならない。経文を唱えれば逃れられると思っても、それは自分で自分を欺くことにすぎない。自分で蒔いたものを刈り取る、これが法である。

〔三五六〕(問) でも、イエスはこう言っています。「私のもとに来なさい、貴方を休ませてあげよう」と。

(答) バイブルの言葉には、今日の実状に合わないものが沢山あるから、その全部をそのままうけいれるわけにはいかない。

神は貴方の内部に、神の理性のいくばくかを植え付け給うた。どうかその理性を使って頂きたい。もし貴方が人に悪い事をして、これを告白すれば、それは貴方の霊魂のためには良い事だ、しかし悪い事をしたという事実は少しも変らない。貴方が神の面前でこれを正さない限り、その罪は消えることはない。これが法である。人は法を変えることはできない。貴方のいわゆるイエスの言葉であるバイブルから、どんな言葉を引用しようとも、神の法は変るものではない。

以前にも話したように、バイブルはそのすべてがイエスの言葉ではない、後世に付加されたものが多い。イエスが今日偉大な師とたたえられるのは、神からくる力と霊示と霊によるのであって、貴方も心をひらいて神に向かいさえすれば、それと同じ力と霊示と霊が貴方の前に大手をひろげて立っているのである。

貴方は神の分身である。だから、神の愛と力と英知と知識と真理の一切が貴方の前にあり貴方を待ちうけている。神を求めるのに過去に戻ってはいけない、神はいまここにい給う。イエスの時代にあり給うた同じ神が、その同じ神の力が、いまここにあり給う。

今日、神の教示と力を伝える通路が全くないわけではない。なぜキリスト教は二〇〇〇年前の一人の人間にあくまで固執するのか。なぜ神の子である皆さん達は、イエスと同じ神の霊示をうけいれようとしないのか。なぜイエスにばかり戻らねばならないのか。

なぜ皆さんは、イエスとバイブルの中に神を閉じ込めてしまうのか。神のすべてが、一人の人間と一冊の本の中に表現しつくされたと、皆さんは考えられるのか。私はイエス出生よりはるか以前に生まれた者だが、この私の霊魂を、神は神の平和の中に入ることを許し給わなかっただろうか。

一冊の書のわずかのページの中に、神のすべてが書き記され得ると、貴方はお考えになるのか。バイブルが書き終えられたとき、もはや神には人に伝える一片の啓示も持ちあわせていなかったと、貴方はお考えになるか。バイブルの最後のページを繰り終えたら、人は神の力のすべてを読み終えたのであると、貴方は考えるのか。

〔三五七〕　神の子である貴方に私は望む、神は遍在し給うゆえに、神に限界をもうけてはいけない。地上最低の悪徳漢も、地上最高の聖者と等しく、神としっかり結ばれているのである。

〔三五八〕　私は、皆さんの想像以上にイエスとは密接な関係にある者である。私はイエスの目に光る涙を知っている。教会の陰にかくれ、信徒も牧師も、世にある多くの悲惨に目を向けようとしない。

神の家と称して教会を建て金銀とステンドグラスをもってこれを飾りたて、だがその陰に、日々の生活に事欠く多くの神の子等がいる。彼等は昼夜の別なく働き疲れ、その身を休らえる家もない。

皆さんは、人が貴方の所へ来るのを待っていてはいけない、皆さんの方から出かけて行きなさい。皆さんの教会を光明の中心として頂きたい。人の魂を養うだけでなく、飢えた肉体をも養って頂きたい。人々に言葉を与えるだけでなく、パンと生活の資を与えて頂きたい。すべての教会がこのことをしなければ彼等は死んでしまう、彼等は飢えているのだ。

〔三五九〕　願わくば神よ、この者がいずこに在り、また何をなそうとも、神の御力と愛がこの者を支えますように、この者の魂が奉仕の思いに満ち、神の霊示に向かって心開かれていますように。神よ願わくば、この者に奉仕の大いなる器を与え給え、この者が光明と平安と至福の家を築き、その家に来る者のすべてが、ここに神はいますと心に思いますように。

神よ、この者を祝福し給え。この者を支え、常に神の道に立たせ給え。更に、この者が神の目的と力と計画とを、いっそう心に明らかに理解するに至りますように。

第十七章　シルバー・バーチは語る

これは、バーチが霊界通信を開始するまでの永い苦闘について、みずから語ったものである。

はるか遠い昔のことだが、私はこう尋ねられた、お前は物質界に戻って、霊界通信を送る団体を地上に作る意思があるかどうかと。私は、他の霊魂も行ったことがあるように、その意思のあることを告げた。こうして私のこの仕事が与えられた。

私はこう教えられた、まず霊媒となる者を探し出すこと、そしてこの者と常に接触を保ちつつ、これから伝えようとする霊界通信がうまく通信できるよう、その者を育てていくようにと。そこで、私は我々の記録を調査して、この霊媒を発見した。

私は、この霊媒の受胎の時から、これを見守っていた。本人の霊魂が生命活動を始めるや——まだほんの微々たるものにすぎなかったが——私の感化を与えるようにし、以来ずっと今日までその接触は続いている。

私はこの霊魂と精神の養成に手を加えた。またその生活のすべてにわたり、一つ一つ経験を観察しては、密接な接触はどうしたら得られるかを学び、少年時代を通じて、その精神過程と肉体的習慣に私自身を順応させていった。私は、この霊媒の精神・霊魂・肉体のあらゆる点について学習した。

次に、本人の人生航路を、霊的真理を理解する方向に導いていかねばならなかった。まず沢山の宗教を勉強するように仕向けた。その結果、彼の精神はこれらに抵抗を示すようになり、ついにいわゆる無神論者となり始めた。さて、この無神論が本人の精神的開花に作用を及ぼすに至るや、いよいよ私が彼の口を通じて、霊界通信を伝える準備が整ったのである。

私はこの青年が交霊会に行くように仕向けた。こうして彼は第一回の交霊会に出席したのである。その席上で、私はこの青年を通じて最初の憑霊を行ったのだった。それは雑で平凡な交霊だったが、私の立場からは極めて重要なものだった。こうして私は、物質界での最初の通信を、霊媒の発声器官を使って行ったのである。以来、私は霊媒による通信法を学び、遂に今日の状況に達したのである。こうして大いに進歩した結果、いま私は霊媒の個性的なものを除去しながら、私の言いたいことは何でも通信できるようになっている。

次に、私の使命についてお話したい。霊界で私は次のように告げられた「そなたは物質界に行き、まず霊媒を発見したら、次に通信伝達の仕事に共感をもって助力してくれる人達を、霊媒の周囲に集めなさい」と。私はこれを求め、遂に皆さんを発見し、皆さんを糾合させたのである。

だが、私の直面した最大の問題は、二つの道のうちどちらを選ぶか、ということだった。即ち、一つは物質界を納得させられる霊魂不滅の証拠資料を提供する道——証拠資料といっても物的証拠であって、霊的証拠ではない、つまり地上界は霊的証拠はまだ理解できないから。もう一つの道は、教師として真理の教えを伝える道。私は難しい方、後者の道を選んだ。

私はこう言った、長年月にわたるこの霊界で得た多様の経験をもって、地上に戻り、人々に愛をもって訴えようと。私は理性に向かって訴えたい、思慮ある進歩した教養ある人達の判断に向かって訴えたい。私は霊的教示を素朴な形で訴えたい。

私は理性に反するような事は何も言わないつもりだ。私は愛を表白したい、即ち怒りの感情をもって他を批判することをせず、いつも愛をもって訴えたい。また金言と実例と私の行為とをもって、私が神の使徒であることを証ししたいと思っている。

私は、匿名を用いるという重荷をみずからに課した。それは、私が有名人であること、その肩書・階級・名声をもって人に訴えるという道をとらないために。唯、私の言動を通じてのみ、人々に私を判断してもらうために。いつか祝祭日に私が霊界へ行った時、諸霊は私をたたえ、多大の使命を果たしたと言ってくれた。うれし涙が滂沱と私の頰を伝った。しかしまだ私の使命は終ったわけではない、なお残された使命は大きい。

他の諸霊の果たした業績のおかげで――今私達も同じ仕事にたずさわっているのだが――物質界には昔に比して大きな光明が現われている、人類の幸福は増大し悲しみも涙も減少した。私達も、いま部分的には勝利を獲得している。

私達は、人々が自己の高級自我を日常生活に発揮するようにとすすめてきた。また正義と真理から人々の目を塞いできた過去の因習や迷信を追放してきた。また、長年月にわたり地上を悩まし、その愚かさの故に理性を曇らしてきた教義や信条の牢獄から、人々を解放することに助力してきた。

私達はひたすら努力した——それはある程度成功したことだが——神はえこひいきせず、怒らず、懲罰を与えず、病気を与えるものでなく、神とは愛と英知であることを、ひたすら教えようと求めてきた。私達はイエスを、偉大な模範的人物として示そうと努めてきた。こうして、多数の人が私達の教えにひそむ理性に目をとめるようになった。

今日に至るまで大事業が進展している、しかしなお未完の大事業が残っている。物質界には不要な戦争がある、もし人々が真理を知り、真理に従って生きるなら、もはや殺戮などは無くなるのである。神の恵みは無限であるのに、地上には飢餓がある。新鮮な空気を奪われ陽光に当たることもなく、生命線以下に圧迫された陋屋《ろうおく》が建ち並んでいる。欠乏と不幸と悲惨がある。

世には、切り捨てるべき迷信がある、なお心を痛める問題がある、なお絶滅すべき病気がある。

私達の仕事はまだ完成していない。私達はこれまでに果たした業績を見て奮いたち、そして祈る、私達に力を与え給えと。皆さんの協力を得ていっそう大きな奉仕が果たせますようにと。私は、単に私を派遣した諸霊の代弁者にすぎない。私は自分のために栄光も報酬も求めはしない。私は自己を誇張して皆さんに示そうなどとは夢にも思わない。私は真理伝達の仲継係であることに、喜びを感じている。もはや永い時代失われ、今や神の真理の極印を押されて地上に再登場した、この真理の伝達係であることに至極満足している。

私の役割は、通信をしゃべるメッセンジャーである。私は今日までこの霊媒と私の力に応じて、私に課せられた通信の仕事を忠実に果たすよう渾身の努力を払ってきた。私は唯奉仕したい、その一念だけである。もし私の通信を聞いて一人の人が平安を得るなら、永い懐疑の苦闘の後、真理の隠れ家を発見するなら、もしこの素朴な霊的真理の聖所の中に、人が心の安らぎを発見し奉仕の心を起こしてくれるなら、私はおそらく神の御業のいくばくかを果たし得たということができよう。

なぜ高級霊達は地上に戻って来るのか
――再びバーチは語る

多くの霊師達と同じように私もかつてこう尋ねられた、もう一度地上に戻りて、いま滅亡に瀕している人類と世界を救うつもりがあるかと。

以来、私は皆さんの中に入って活動をつづけ、今なお地上にあって活動をつづけている。それは、地上を去る死者等が、輝く霊界に入って生き続けることを証明するため、またそれとともに、皆さん達も彼等、死者等とひとしく神の分身であることを、皆さんにはっきり知って頂くためである。

私達の努力にもかかわらず、地上には、霊界通信よりも地上の些事に重きを置く人々があまりにも多い。この霊界通信が、白人の霊から伝えられるのか、それとも黒人か黄色人か赤色人かと、そんな事がどうして重大なのか。神の法が、文明人の霊から伝えられるのか、非文明人の霊から伝えられるのか、どうしてそんな事が重大なのか、これが神の法であり真理である限り。

かつて皆さんもこう教えられたではないか「幼児が、貴方がたを導くことになろう」と。人類が賢者等の愚かな知恵をふり捨てて、幼児の単純素朴さに帰ることを悟るようにならねば、この世でもあの世でも、人は決して大きな進歩を遂げるには至らぬであろう。地上界は、神なる太陽によって皮膚の色を染めわけられた人々の間に差異をたてる。人は皮膚の色を見て、お互いの魂がすべて一つであることを忘れてしまっている。

地上には戦争はつきものだと、なぜ人は思うのか。地上では不幸は避けられぬと、なぜ人は思うのか。地上には大きな悲劇はなくならぬと、どうして人は考えるのか。物質によって目が塞がれ、物質の窓を通さねばものを見ることの出来ない人々、彼等の目には、物質の背後に万物を統一する神霊がいますことが見えないのだ。彼等は何事にも差異区別をもうける。そのことが混乱を生み、不幸をつくり、破壊を生むのである。

現代文明が忘却した神法を人類に教えるために、いま地上へ戻って来ている私達は、皆さんが野蛮人と呼ぶかのインディアンである。人類は、物質の基礎の上にその生活を築こうと努めてきた。人類はその教養と文化を進めようと努力してきたのに、神法とは無縁の方向に文明を築いてきたのだった。

この故に地上世界は滅びる、古い文明が滅びたように、今この世界も崩壊に瀕している。私達は人類を愛するが故に、神から出る愛が私達を通じてほとばしるが故に、私達は地上に戻り、いま人類に助力して、この破壊から立ち上がらせ、不滅の基礎の上に、即ち神法の上に、新しい文明を再建させようとするのである。

私共は前生において有色人種だった。だから人々はこう言う「君達は有色人だから、その世話で世界を作り直すなんて嫌だ。白人が助けてくれるのでなければ、むしろ悲惨のままでいた方が良い」と。

しかし同時に、皆さんも我々を助けていることを知って頂きたい。皆さんの創出した文明の中にも、私共の助力となるものは沢山ある。これが調和ある法の働きである。私達は、私達が霊界で学んだものを皆さんに教えるとともに、皆さんからも役に立つ知識は何でも吸収したいと努力している。新しい天国が地上に出現するには、この協力の法の働きが必要なのである。

やがて、地上の人類はすべて融合することになろう。各人種はおのおの果たすべき役割をもっているのだから。民族もすべて融合するだろう、各民族は世界にそれぞれ寄与すべき何かをもっているのだから。人が、もし霊的な目をもって世を見るなら、やがて到来しつつある時代を見ることが出来よう。その時こそ、各人種、各民族はそれぞれに、自己の文化と学問と特質を人類全体にもたらしつつ、世は一つとなり、融合調和の生を達成するに至るであろう。

私達はすべて——私も皆さんも、私達と協同する人達も——神の意志を遂行する下僕であるのに、誤解をうけ、本来友である人達から敵視されている。しかし私達は己が道を進む。私達は神の目から見て正しいことをやっているのだから、物質界の何ものにもまさる至上の一切の霊力を、己が味方として招き寄せる、やがて徐々にではあるが、善が悪を圧倒する、正義が不正に勝つ、正しいものが間違ったものを征服するのである。

私達は必ず成功する、私達は人類に高くより良い道を指示し、人類を救おうとしているのであるから。この道こそ、人類を奉仕の生活へ向かわせる道。これによって、人類は魂と霊と精神の豊饒をかちとり、物質界を超えて霊的世界の平安と幸福とを享受するようになるのである。

私共がたずさわっているこの仕事は、偉大な事業である。私共を結び付け、霊的にも、目的においても、希求においても、一体たらしめているものは霊的な絆である。私達は、真理の前に立ち塞がる一切のものに、断固たち向かうよう誓いを新たにしよう。この団結の努力あればこそ、神の御力は、人類の中に浸透していくのである。

もし私の言葉によって、少しでも皆さんの心が奉仕の念を抱いてくれるなら、皆さんはきっと俗世に入って人類への奉仕に尽くしてくれるだろう、丁度私が皆さんに奉仕しようとしているように。皆さんのもつ知識を使うこと、それは皆さんの義務であり法であると、私は心得ている。

私は、唯々、神法を地上の言葉に翻訳したいと思っているだけである。私の言葉を読む者、必ずしも同感を示すとは限らない。しかし私は地上とは違う他界の住人である、だから、地上の言葉や霊媒によって時として制約をうけることがある。もし同感が得られないとしたら、それは一つには、地上の人々の魂がまだ大きな真理を理解できるほど進歩していないからであり、また一つには、私の内部にあるものが地上の言葉でうつしとれないほど大きいため、私がうまく表現し得ていない、そのためである。

しかしながら、私は常に身を捧げて神法を教授したいと思いつづけている。もし神法の会得がなければ、人類は神の望み給うようにはとても生きることができないから。盲目であるより見えることの方がずっとよろしい、聾者であるより聞こえることの方がもっとよろしい、眠っているより目覚めている方がどんなによろしいか。人類の魂を神に向かって開かしめよ。人類みずから、神法に対して感応道交の努力を得せしめよ。

この道を通じて、人類は神と一体であり、神は人類と一つである。その時、人々は心も魂も安心立命を得、宇宙の偉大なリズムと調和融合する。その時、人類の生活からは不調和が消えていき、人類はかつてない新しい生活に入っていくのである。

知ることはすべて大切である。だが知るだけで、そこから一歩を踏み出そうとしなければ、それは賢明ではない。

私は、皆さんが私の与えるすべてを吸収してくれるようにと、私の知る限りのものを皆さんに捧げようとしている。私がそうするのは、決して私が皆さんより偉大であるからではない、私が自分の知を皆さんに誇ろうとするためでもない、唯それによって私が他に奉仕することが出来るからである。

私が語るのは、単に物質生活に局限したことではない、霊的生活にも関連して語っているのである。というのは、いま地上世界は物質生活についての指導を必要としているが、それは同時に、霊的知識の必要をも意味するからである。私達の通信は常に次の立場をとる、即ち人間は現に霊的世界で生活しているので、物的世界とは単に不滅の生の一反映にすぎないということである。

もし、これを知る者だけでもその知識に忠実であるなら、我等の成果はどんなに大きいことだろう。もし霊の声に耳を傾ける者だけでも、また顕幽両界を結ぶ現象に霊的法則の働きを見た者だけでも、自己を捨ててより高く向上してくれるなら、私共は莫大な成果をあげ得たというべきである。

知と奉仕の道は無際限である。我々が達成し得たものは、今後達成できるものに比べれば、微々たるものにすぎない。無限なる神に限界はない、地上が今後手にすることのできるその知においても、その啓示においても、その真理においても。もし、霊交の道さえきちんと正しく使えるようになっていれば、地上を目ざして来る強力な霊力には何の限界も存在しない。

解説

桑原啓善

一、シルバー・バーチと霊媒

第一次大戦が終って間もない頃、ロンドン郊外のある交霊会に、一人の青年が出席した。十八歳のこの不可知論者の青年は冷やかし半分に出席したのだった。霊媒に霊が憑《のりうつ》って、中国人やアフリカ土人やインディアンの口寄せを行うと、この青年は吹き出してしまった。すると、交霊中の霊媒の口から「今に貴方だって、同じ事をやるようになる」、そういう言葉が洩れた。

第二回目に出席した時、彼は会の途中で眠り込んでしまった。すると、目が覚めた時、隣席の人が彼にこう告げた、「貴方は眠っている間、インディアンになってましたよ。そのインディアンの霊が貴方の口を使って、こう言ってました。〝私はこの者を出生以前から目をつけ、今日まで訓練してきた。この者は間もなくスピリチュアリストになるだろう〟」と。これを聞くと彼はまた吹き出してしまった。しかし、今度は前回のように気軽な調子ではなかった。

この青年こそ、後にイギリスを代表するスピリチュアリスト、心霊研究家となったモーリス・バーバネル氏である。そして、この時に憑ったインディアンの霊が、後に彼を霊媒として、あの有名な「シルバー・バーチの通信」を送ることになる、霊魂シルバー・バーチである。

モーリス・バーバネル氏は、霊の予告通り、これから心霊研究に強い関心を示すようになり、やがて、イギリスの二大心霊機関誌、月刊 Two Worlds 誌と週刊 Psychic News 誌の主筆となって活躍する。また多くの心霊関係の著書を残し、卓越した雄弁家としても各地で講演活動をすることになる。しかし何といっても氏の畢生《ひっせい》の事業は、彼が一九八一年に七十九歳で没するまで、半世紀にわたり、彼が霊媒となって送りつづけた「シルバー・バーチの通信」これであろう。モーリス・バーバネル氏は、まさにこの仕事のために生まれ、この仕事のために生きた、シルバー・バーチ霊団の地上における聖なる使徒、そう言ってよいであろう。

だが、シルバー・バーチの通信が有名になったのは、前記の出来事があった数年後、一九二四年以後のことである。この年、イギリスの新聞王と言われたハンネン・スワッハー氏がスピリチュアリストとなり、自宅で毎週交霊会を開くようになる。この家庭交霊会の霊媒がモーリス・バーバネル氏、そして入神した彼の口を使い伝えられた霊示が「シルバー・バーチの通信」。この通信は、ツーワールズ誌やサイキックニューズ誌を通じて伝えられ、その通信内容の高尚深遠さと、サークルが有識者達の集まりであることによって、一躍有名になった。シルバー・バーチの名は「ハンネン・スワッハー家庭交霊会」の名称とともに、国境を超えて世界の各地で広く知られるようになった。

しかし、この通信の霊媒が誰であるかということは、永い間秘密にされていた。その名が公表されたのは、実に三十余年後の一九五七年、ツーワールズ誌にバーバネル氏みずからがその事を書いてからである。

その理由は何か。「通信の真価は、ただ教示の内容によってのみ判断されるべきである」、これがバーバネル氏が固執してきた態度だった。このかたくなとも言える態度は何故だろうか。ここにシルバー・バーチ霊界通信の特色がある。

シルバー・バーチはこう述べている「私は、匿名を用いるという重荷を自らに課した。私が有名人であること、その肩書・階級・名声によって人に訴える道をとらないために。ただ私の言行を通じてのみ、人々から私を判断して貰うために」と。バーバネル氏は、このシルバー・バーチの姿勢にならったのである。

巷間の霊界通信というものは、神仏の名をかたり、著名な故人の名を僭《せん》称するものが多い。その肩書により、善男善女を心服するためである。そうでなくても、人は霊界通信というと眉に唾をつけて聞く。これに威厳を加え信頼の度を増すには、肩書を利用するのが一番である。さいわいにして霊の姿など見えはしないのである。善男善女は、神仏の名を聞いただけでコロリと参ってしまう。

シルバー・バーチは、逆に匿名を用いた。それも卑しいインディアンの名を。ここに、バーチ通信の、他の霊界通信と一線を画する本質がある。ハンネン・スワッハーは、これについて次のように述べている。

「シルバー・バーチ」私達はこう呼んでいるが、彼はインディアンではない。それでは、何者か。私はそれを知らない。私達はこう思っている、この霊魂は霊界の高い所にいるので、仲継の霊魂を通じなければ、その波長を地上に伝えることが出来ない。シルバー・バーチとは、この仲継に使われている霊魂の名前である。

最近になって、バーチはこう言っている「やがて、私が何者であるか、お伝えする日が来るであろう」と。またこうも語っている「私は、高名な名を使わないで、私の言葉にひそむ真理によって私を知って頂きたい、また皆さんの愛と傾倒とをかち得たい。そのために、この卑しいインディアンの姿をとって出現しなければならなかった。これは法である」と。

シルバー・バーチとはいったい何者であるか。一説によると、三〇〇〇年前に生存した高名な古代霊であると。私はその真偽のほどを知らない。また知る必要もない。ただ分かることは、この通信が年とともに真実さを増してくるということである。真理は時代を超える。この終末を思わせる二十世紀末、この通信はまさしく、人類に時代の回生を伝える新時代のバイブルではないだろうか。

ハンネン・スワッハーはこう付言している「バーチの霊団は、六人の霊で構成されている。三人はユダヤ系、他の三人はユダヤ人ではない。彼等はスピリチュアリズムに、一切の民族的・教義的なカラーを求めていない」と。

バーチの通信は、霊媒となるバーバネル氏が入神して、それに憑った霊魂シルバー・バーチが、バーバネル氏の発声器官を使って語るという形式をとる。最初はたどたどしい英語だったが、やがて、秀れて雄弁を発揮するようになったらしい。ハンネン・スワッハーの言葉をかりると

「霊媒を通じて語りはじめた頃のバーチの英語は、語彙も少なく、へんなアクセントがあった。しかし年とともに、急速に進歩を遂げ、衆に秀れて簡明で雄弁なものとなった」

また、モーリス・バーバネルの言葉をかりると

「まことに驚くべきことだが、毎週毎週これほど英知の言葉を、雄弁にしかも簡潔に、あれほど自在に話し続けられるということは、異常としか言いようがない。ご承知のように、簡明な英語

を書くことは大変むずかしい事だ。文筆人である私にしても、そのためには辞書事典と首っぴきで、推敲を重ね、悪戦苦闘せねばならぬ。だが、ここにいるのは一人の死んだ人間であり、彼は何のためらいもなく、完璧な文を作り出してみせる。しかも、その言葉はすべて良識にかない、人の心を奮い立たせる。バーチの言葉はまさにダイヤモンドの輝きをもつ。私は、今や、この英語の師、偉大な文人に、真底から敬愛の念を禁じえないのである」

また、著名な心霊研究家エドマンド・ベントリーは、その著『火の四輪馬車』で、こう述べている。

「バーバネル氏は、卓越した雄弁家である。ウィットに富み、能弁で、話術に秀れ、法廷の弁護士にひけをとらぬ物事を巧みに説明する能力をそなえている。だが、シルバー・バーチの場合は、それが、人間臭を脱したものとなる。そこには、高い世界の平和と愛を帯びた、崇高と権威がある。高く力に満ちた表現、適確無比の言葉の選択。この純粋に光り輝く雄弁を聞く時、そこには明らかに、霊媒と別人の、霊界人の姿が認められる。肉の舟に乗り、しかも、全く地上の影響を脱しきった、霊気あふれる霊人の姿が、浮かぶのである」

ハンネン・スワッハーはこう続けて言う。

「バーチの話しぶりには、その人格の高貴さ、温かさと、たくまぬ自然の威厳がある。それが印刷に付されると、ほんのその片鱗しか伝えられない。人はその言葉を聞いてしばしば涙を流す。バーチは極めて謙虚に語るのだが、私達聞く者は、まさに秀れた高級霊の前に坐している感を覚えるのである」

スワッハーは「それが印刷に付されると、ほんの片鱗しか伝えられない」と惜しんでいるが、印刷されたバーチの言葉を読むと、私達は、簡明で、英知に満ち、非凡な達人の英語に驚くのである。私ごとき非才がこれをうつすことは、まさにその片鱗すらもお伝え出来ない、唯そのことを恐れるものである。

なお、心霊研究家としてのモーリス・バーバネルの著書の中で邦訳されているものに、『これが心霊の世界だ』『霊力を呼ぶ本』（近藤千雄訳・潮文社）がある。

二、霊界通信について

青森県の恐山は「いたこ」でよく知られている。「いたこ」と呼ばれる盲目の巫女達がいて、死者の霊を呼び出し、神がかりして、その言葉を取り次ぐというのである。近親者を亡くした人達が訪ねて来て、賑わいは後を絶たない。

だが、「いたこ」達は本当に霊の言葉を取り次いでいるのかというと、疑問である。中には、自分の想像や潜在意識でしゃべっているのもいよう。中には訪ねて来た人の心を読みとり、その人の記憶の中の死者を再現してみせて、逆に感激を与えているのもいよう。また中には別の霊魂が憑って、いかにもお目あての死者らしく振舞っているのもいよう。

こうしてみてくると、「いたこ」達が本当に死者の霊魂を取り次いでいる場合は、微々たるものかもしれない。しかしだからといって、霊界通信が全くないというわけではない。このように、「いたこ」のように、霊魂に敏感な者、霊媒がいて、神がかりして霊魂の言葉を取り次いでしゃべる。これを「霊言現象」と呼ぶが、これも霊界通信の方法の一種である。シルバー・バーチの通信もこの類に属する。

また、別に、「お筆先」というものがある。天理教の開祖中山みきの「お筆先」、大本教の教祖出口なおの「お筆先」はよく知られている。どちらもそれぞれの宗教の根本教典として尊敬をうけている。このお筆先も霊界通信の一種である。それは「霊言現象」でなく「自動書記」と呼ばれるもので、霊媒・中山みき、出口なおが神がかりして、無意識のうちに手が動き、霊からの通信を記述したものである。

霊界通信には、右の外、霊聴現象・霊視現象・叩音現象や、はてはコックリさんのようなものまであるが、代表的なものは、右の霊言と自動書記の二つである。

こうしてみてくると、古来、霊界通信がいかに人間の生活や文化の中に深く根ざしているかが分かる。死者と交わる慰めや、吉凶禍福の占いやまじない、悪魔ばらい、こういう民衆の生活に食い込んだものから、「お筆先」のような宗教文化に作用する、いわば高級なものに至るまで、さまざまである。

キリスト教の新・旧約聖書、マホメットのコーラン、仏教の経典など、すべてみな霊界通信である。筆録者が耳で聴くか、言葉で語るか、筆で書くか、霊からの通信の記録である。啓示・霊示・天啓など、さまざまの言葉で呼ばれるが、原理は恐山の「いたこ」と一つなのである。

また学者の発見や発明、芸術家のひらめき、練達の職人の勘、これらの根源も霊界通信にある。敏感な彼等に、霊界からの英知が一時通信を与えたのである。これを我々は、第六感とか、直感とか、インスピレーションとか呼ぶ。

こうしてみてくると、霊界通信が、古来、人類の文化や生活に深くかかわりをもっていたことがよく分かる。学問の進歩や、偉大な宗教の指導や、芸術の影響で、連綿と人類は生きてきたわけだから。霊界通信こそは、人類の方向を根源において定める、見えない手、実は夜闇の中を進む船を導く星の如きものである。

それなのに、霊界通信は近代に入ってから、すっかり見下げられてしまった。迷信である、淫祠邪教である、せいぜい慰め程度、そういう処遇に甘んじている。なぜか。科学技術文化の進歩で、人間は、豊富で便利な物質だけで幸福になれる、そういう自信をもって、霊的なものを見下げ、「無い」などと断言するようになったのである。

それに、最初に恐山の「いたこ」のことで述べたように、世の霊界通信と称するものに、インチキ、不純なもの、低劣なものがいろいろあって、実際に善男善女を迷わしたり、たぶらかしたりしている。つまり、霊界通信じしんにも責任があるのである。

だが、一八四八年から事態は一変している。科学者達が、真剣に霊魂の問題の研究に立ち上がったのである。これを「心霊研究」と呼ぶ。この年、ニューヨーク州のハイズビルという所で、怪奇現象が起こった。

夜な夜な、原因もなしにフォックス家の窓をコツコツ叩く音がする。近隣の人々が集まり調べたところ、その叩音に意思があることが分かった。「十回うて」と言うと、十回叩く。フォックス家の子供の人数や年齢も正確に数で当てる。そこで、アルファベットを発音しながら、叩音がポンと打った箇所の文字を綴り合わせたら、一個の通信文が出来上がった。

ロスナという行商人が、五年前この家に泊り、先住者に殺され、五〇〇ドル奪われて地下に埋められた、というのである。その後、フォックス家の地下を掘ったところ、毛髪と歯と少量の骨が出て、この事件はほぼ裏付けられた。これを「フォックス家事件」と呼ぶ。

これを機に、有識者達の霊魂への関心が高まって、心霊研究がアメリカから始まった。やがて、フォックス家事件の叩音現象は、この家に二人の娘がいて、どちらも霊媒素質をもっていることが分かり、それが引き金で起こったことが判明した。つまり、心霊現象には霊媒の存在が不可欠であることが判明した。こうして、霊媒を媒介として、霊魂についての、合理的な研究が始まった。

しかし、この心霊研究が真に科学者による科学的な研究となったのは、海を渡り、イギリスにこれが展開してからである。ダーウィンとともに自然淘汰説を発表したウォーレス、元素タリウムの発見者クルックス、これら先駆者が一八七〇年頃から、実験室内で霊媒を使った実験研究を開始している。

一八八二年には、ケンブリッジ大学を軸に、ＳＰＲ（心霊研究協会）が設立され、学長のシジウィックを会長に、当時第一級の科学者や文化人がここに蝟《い》集している。ＳＰＲの研究の結果、幽霊現象は妄想や錯覚ではない、死と深いかかわりをもつ現象であることが証明されている。これ以来、学者達の中に、霊魂の存在、霊界の存在を承認し、霊界通信や霊魂の働きについて、種々解明をすすめる研究が展開し、今日に至っている。

さて、もう一度、視点を霊界通信におき、話をすすめよう。霊魂があるからといって、世の霊界通信のすべてが、霊魂からの通信ではない。イギリスの心霊学者オーテンの研究によると、霊媒の七五パーセントは信用できない。詐術か、自己の想像力か、もしくは潜在意識の所産である。二〇パーセントは、部分的にのみ信用できる、他の部分は潜在意識の所産である。真に信用できる霊媒は、百人中わずか五人にすぎない。彼等のみ、だいたい霊魂の言葉を取り次ぐことができる。

しかし、これとてもまだ安心できない。通信してくる霊魂には、ピンからキリまで、人格に高下の差があり、低位の霊魂からの通信は、それが、真実、霊魂からの声であっても、あたかも愚人のたわ言を聞くごとく、他愛のないものにすぎない。真実に世の光となり、人心の指標となる霊界通信は、まさに微々たるものである。

それでは、神とか、偉人の名を名乗る通信なら大丈夫か。しかし、これは危険である、ごまかしが多い。そこで心霊研究家は、必ず通信霊に署名を求めたり、身許証明をして貰ったり、間違いなく当人である客観的な証拠を要求する。それに、神から人間への直接の通信はあり得ない。ラジオの波長と同じく、神と人間では思想の波長に精粗の差がありすぎ、直接交通は物理的に不可能なのである。だからシルバー・バーチのように、高級霊からの通信は、中間に仲継の霊魂を置いて、間接通信の形をとるのである。

最後に、かりに、秀れた霊媒による、真実の高級霊からの霊界通信があっても、これを鵜呑みにすることが、やはり、いかに間違いの元であるかについて付言しておきたい。霊魂は霊媒の脳細胞に直接通信するわけではない。精妙な霊と、肉体の脳とでは、波長に差がありすぎる。霊魂は霊媒の潜在意識に、その思想を通信するのである。だから、霊媒は自分の潜在意識のもっている思想や言葉でこれを翻訳して受け取り、自己の脳に伝える。これが霊界通信である。

だから、霊界通信の一言一句を、神や霊の言葉そのものとして、絶対的なものとして解釈する「神学」は、矛盾撞着してドグマにおちいる。霊は言葉そのものを伝えるのでなく、思想を伝えるものだからである。

また、同じ神示・霊示であっても、受け取る霊媒が違えば、表現や色合いも相当違ってくる。通信は、霊媒のもっている思想や知識を材料にして、翻訳して受け取られるからである。だから、他教の教典との相違点にのみ目くじらをたてて争う、宗教対立は全く愚かなことなのである。

だから、霊界通信は、字句の末節に拘泥せず、教えの部分だけに目くじらをたてず、全体として、その本旨を受け取るようにしなければならない。これを間違うと、折角の霊界通信が仇となり、宗派宗門の争いとなり、神学的ドグマにおちいってしまう。

だからといって、あいまいに、それを読め、ということではない。要は、人間の理性ほど、最終的に信頼できるものはない、シルバー・バーチの教えのように、人間とは神の分身、理性こそは神の座であるから。その理性によって、正邪を判断し納得すべきである。真理とは常に単純なものである。学歴などは無用。霊界通信の一番奥底に光っているものを、読みとること、それが真理の学び方であり、また、霊界通信が送られてくる本意である。

もし、高級霊からの、霊界通信がなければ、人類の文明は道を踏み迷うであろう。光は、真理は、神界の、霊界の、一点からのみ射す。時代を追って、霊界通信は、偉大な宗教の教祖達の言葉を通じて、天才であり理想家である、学者・芸術家、あるいは無名の市井の人の口を通じても、伝えられ続けている。そして、彼等の伝える真理は、みな同じである。出所が一つであるからである。その真理とは、また、シルバー・バーチが伝えるものと同じである。ただ、時代により、民族によって、その表現が違っているだけである。

真理は、常に、その時代その民族の器によって、受けいれられる形でのみ伝えられる。二〇〇〇年前のユダヤ人には、バイブルの形で、一四〇〇年前のアラビア人にはコーランの形で、二五〇〇年前の印度人には仏典の形で。そして、二十世紀の現代人には、このシルバー・バーチの通信のように、最も直截で最も合理的な形で。

もし、烱眼《けいがん》の士ならば、これらの中に流れるものが唯一つであることに気付かれるであろう。それが真理である。真理は常に単純である。もし、現在さまざまの危機に直面している現代人が、この単純な真理に目覚め、宗教のドグマから醒め、歪んだ文明の方向の舵を取り直す勇気をもつなら、核戦争の危機も、生態系破壊の危険も、人間性破綻の狂気からの危機も克服して、洋々たる二十一世紀を迎えることになろう。シルバー・バーチは、唯一つこの使命のために、半世紀の間、モーリス・バーバネルの口を借りて、語りつづけたのである。

■信頼できる著名な霊界通信の紹介

浅野和三郎訳「霊訓」(潮文社刊)

イギリスの学者・心霊研究家ステイントン・モーゼスが、百年ほど前に受信した霊示。モーゼスは自動書記にあたり、わざわざ難解な書に読みふけり、自己思想の混入を避けた。しかし、手は勝手に動き、彼の思想とはしばしば反対の霊示を記録した。通信霊は四十九人以上の霊団。モーゼスはその名を知っていたが公表しなかった。それが有名人であるため、逆に不信を招くからである。その後の研究によると、その一部は、予言者エリア、小予言者マラキ、洗礼者ヨハネ、聖ヨハネ、賢者ソロン、プラトン、アリストテレス、プロチノス等といわれる。

浅野和三郎訳「永遠の大道」「個人的存在の彼方」(潮文社刊)

イギリスの代表的心霊研究家・詩人・心理学の古典「人格論」の著者フレデリック・マイヤースが、その死後、霊媒カミンズ嬢を通じて送ってきた霊界通信。

桑原啓善 訳「ジュリアの音信」（でくのぼう出版刊）

イギリスの心霊研究家、また霊能力者であったステッドが、他界した友人ジュリアから、自動書記で受信した霊界通信。死後の世界の状況を伝えている。

A・J・デーヴィス「自然の黙示」など三部作

アメリカの大霊覚者デーヴィスが受けた霊示。通信霊はスエーデンボルクといわれる。ダーウィンの「種の起源」（一八五九年刊）より十三年早く、同じ進化論を含んだ、更に深遠な進化論を、書中に記している。また海王星・冥王星の発見に先立って、その存在を指摘している。

桑原啓善 訳「霊の書」（上・下 潮文社刊）

フランスの学者アラン・カーデックが、友人の二人の娘を霊媒に使い受信した霊示。高級霊団が人類に新時代をもたらす目的で通信してきたと言われ、一八五六年の出版以来、その発行部数は数知れず。人間の再生を認めるラテン系霊界通信の代表。中でもブラジルでの信奉者は、一、〇〇〇万人とも二、〇〇〇万人とも言われる。

浅野和三郎「霊界通信　小桜姫物語」（潮文社刊）

浅野和三郎氏が、霊能者多慶子夫人を通じて受信した、日本の霊界通信の白眉。戦国の武将の妻が死後にたどった波瀾の生活絵巻。近時、その実在が裏付けられている。

（編注　潮文社刊はすべて現在は絶版）

桑原《くわはら》　啓善《ひろよし》（ペンネーム　山波言太郎）（一九二一～二〇一三）

詩人、心霊研究家。慶應義塾大学経済学部卒、同旧制大学院で経済史専攻。不可知論者であった学生時代に、心霊研究の迷信を叩こうとして心霊研究に入り、逆にその正しさを知ってスピリチュアリストになる。浅野和三郎氏が創立した「心霊科学研究会」、その後継者脇長生氏の門で心霊研究三十年。一九四三年学徒出陣で海軍に入り、特攻基地で戦争体験。一九八二～八四年一人の平和運動（全国各地で自作詩朗読と講演）。一九八五年「生命の樹」を創立してネオ・スピリチュアリズムを唱導し、でくのぼう革命を遂行。地球の恒久平和活動に入る。一九九八年「リラ自然音楽研究所」設立。すべての活動を集約し二〇一二年「山波言太郎総合文化財団」設立。

訳書『ホワイト・イーグル霊言集』『霊の書』上下巻『続・霊訓』『近代スピリチュアリズム百年史』他。

著書『人は永遠の生命』『宮沢賢治の霊の世界』『音楽進化論』『人類の最大犯罪は戦争』『日本の言霊が地球を救う』他。詩集『水晶宮』『同年の兵士達へ』『一九九九年のために』『アオミサスロキシン』他。

でくのぼう出版

桑原啓善〈ネオ・スピリチュアリズム〉関連書

シルバー・バーチに聞く
桑原啓善 編著

シルバー・バーチの珠玉の言葉を選りぬき、バーチ研究40年の編者がこれに注を付し、宇宙と人生の深奥に迫る。「21世紀のバイブル」シルバー・バーチがこれで解る。●関連ＣＤ発売中〈朗読・桑原啓善〉 ●９７１円+税　１６０頁

ステイントン・モーゼス　続・霊訓
桑原啓善 訳

今、この時代のために――。キリストの再臨を伝えるインペレーター霊団（49名）のメッセージ。自動書記通信の一部と霊言による霊示、およびモーゼス個人の論説をも加える。●１５００円+税　２４０頁

霊の書 ―大いなる世界に―（上・中・下）
アラン・カーデック 編
桑原啓善 訳

フランスの科学者カーデックが友人の娘を霊媒として受信した霊示。１８５６年の出版以来その発行部数は数知れず。霊界通信の大ベストセラー。シルバー・バーチの霊言等と並び称される人間の書・人生の書。●各１２００円+税　上巻２４０頁／中巻２７２頁／下巻２４０頁

神霊主義　心霊科学からスピリチュアリズムへ
浅野和三郎 著
桑原啓善 監修

日本の「心霊研究の父」浅野和三郎の名著の現代文表現。心霊現象の内面機構が手に取るようにわかる。だけでなく「日本神霊主義」の解説をも含む浅野和三郎の全研究が集約されている。●１３００円+税　２７２頁

ジュリアの音信（新書版）
桑原啓善 抄訳

W・T・ステッド 著。有名な霊界通信。死後に間もないジュリアが、死の直後や死後の世界の様子を語る。そして愛こそ至高の力であることを熱く訴える。死に不安を持つ人に贈って喜ばれる珠玉の書。●７６７円+税　１３６頁

近代スピリチュアリズム百年史　その歴史と思想のテキスト
アーネスト・トンプソン 著
桑原啓善 訳

50年前、日本のスピリチュアリズム研究を拓いた基本のテキスト。本書は後篇に「スピリチュアリズム思想の歴史」を収録し、出版された2冊の本を1冊にした。●１５００円+税　２８８頁

愛で世界が変わる〈ネオ・スピリチュアリズム講話〉
桑原啓善 著

人類の三大迷信①「幸福は物質から得られる」、②「安全は武器で守られる」、③「神は外にいる」――この三大迷信が、人類の政治、経済、教育、宗教の文明を作り、今、地球を破滅に導きつつある。貴方の愛から世界が変わる。●１５００円+税　２４４頁

デクノボーの革命〈ネオ・スピリチュアリズム講話〉
桑原啓善 著

物質至上主義の時代から、人間が霊であり、世界は霊の働きを認めなければ、平和も幸福も科学も成り立たないことが分かる時代、それがアクエリアス新時代。●１５００円+税　２６４頁

スピリチュアルな生き方原典　日本神霊主義聴聞録
脇 長生 講述
桑原啓善 筆録

脇長生師は大霊能者にして日本における心霊研究の第一人者であった。本書は霊魂の〝具体的〟な働きを〝科学的〟に解説した世界でも類のない書。ロングセラー。●１３００円+税　２６４頁

ジュリアの音信　人は死なない（絵本版）
山波言太郎 作

青木香・青木加実絵。不朽の霊界通信「ジュリアの音信」が美しい絵本になりました。原作本は新書版『ジュリアの音信』。●ＣＤ発売中〈朗読・山波言太郎〉 ●１４００円+税　９６頁

●全国の書店でお求めいただけます〈発行　でくのぼう出版／発売　星雲社〉 ●お急ぎの場合は、でくのぼう出版まで。送料実費ですぐにお送りします。
☎０４６７（２５）７７０７　ホームページ https://yamanami-zaidan.jp/dekunobou　●価格は税別の本体価格です。

シルバー・バーチ霊言集

二十一世紀のためのバイブル

1984年 5月 10日　初版 第1刷 発行
2011年 9月 20日　潮文社、累計15刷

2018年 5月 15日　新装版 第1刷 発行
2023年 7月 11日　　　　　第3刷 発行

訳　者　桑原 啓善

装丁者　桑原香菜子

発行者　山波言太郎総合文化財団

発行所　でくのぼう出版
神奈川県鎌倉市由比ガ浜 4-4-11
電話 0467-25-7707

発売元　株式会社 星雲社（共同出版社・流通責任出版社）
東京都文京区水道 1-3-30
電話 03-3868-3275

印刷所　株式会社 シナノパブリッシング プレス

ISBN978-4-434-24775-0

ホームページ　https://yamanami-zaidan.jp/dekunobou